Taschenbücher

Band 67

EDWARD HALLETT CARR

Was ist Geschichte?

Dritte Auflage

VERLAG W. KOHLHAMMER
STUTTGART BERLIN KÖLN MAINZ

Aus dem Englischen von Siglinde Summerer und Gerda Kurz
Die Originalausgabe erschien 1961 unter dem Titel *What is History?*
The George Macaulay Trevelyan Lectures delivered in the University
of Cambridge January–March 1961
im Verlag Macmillan & Co., Ltd., London 1961

Alle Rechte vorbehalten
© 1963 Verlag W. Kohlhammer GmbH
Dritte Auflage 1972
Stuttgart Berlin Köln Mainz
Verlagsort: Stuttgart
Umschlag: hace
Gesamtherstellung: W. Kohlhammer GmbH
Grafischer Großbetrieb Stuttgart
Printed in Germany
ISBN 3-17-232081-2

INHALT

I. Der Historiker und seine Fakten 7

II. Gesellschaft und Individuum 31

III. Geschichte, Wissenschaft und Moral 55

IV. Über das Verhältnis von Ursache und Wirkung in der Geschichte 86

V. Geschichte als Fortschritt 107

VI. Der Horizont erweitert sich 131

I

DER HISTORIKER UND SEINE FAKTEN

Was ist Geschichte? Ich möchte, da man sonst vielleicht die Frage für bedeutungslos oder gar überflüssig halten könnte, zwei Stellen anführen, die sich auf die erste und zweite Ausgabe der *Cambridge Modern History* beziehen. Acton sagte in seinem Bericht vom Oktober 1896 vor dem Syndikus der Cambridge University Press über das Werk, dessen Herausgabe er unternommen hatte:

„Es ist eine einzigartige Gelegenheit, die Fülle der Kenntnisse, die uns nun das 19. Jahrhundert hinterläßt, so aufzuzeichnen, daß sie möglichst vielen einen möglichst großen Nutzen bringt ... Bei richtiger Arbeitsteilung dürfte sich unser Vorhaben wohl verwirklichen lassen: damit könnten auch das letzte Dokument und die am besten fundierten Folgerungen der internationalen Forschung jedermann zugänglich gemacht werden.

Eine abgeschlossene geschichtliche Sicht ist unserer Generation freilich noch nicht möglich; aber wir verfügen über die herkömmliche Geschichtsschreibung und können jetzt, wo jegliche Information in Reichweite liegt und jedes Problem lösbar geworden ist, den Punkt angeben, den wir auf dem Weg von der einen zur anderen erreicht haben."[1]

Und fast genau sechzig Jahre später kommentierte Professor Sir George Clark in seiner allgemeinen Einführung zur zweiten Ausgabe der *Cambridge Modern History* den von Acton und seinen Mitarbeitern geteilten Glauben, daß eines Tages eine abgeschlossene Geschichtsschreibung möglich sein würde, mit folgenden Worten:

„Die Historiker einer späteren Generation haben keine derartigen Hoffnungen mehr. Sie glauben im Gegenteil, daß ihre Arbeit in der Folge immer wieder beiseite geschoben wird. Sie bedenken, daß sie ihre Kenntnis der Vergangenheit der Überlieferung eines oder mehrerer Menschen verdanken; daß diese Kenntnis dadurch einem ‚Prozeß' unterzogen wurde, folglich also nicht aus elementaren und unpersönlichen Atomen, die unveränderlich sind, bestehen kann ... Der Geschichtsforschung scheinen keine Grenzen gesetzt, und einige ungeduldige Gelehrte nehmen ihre Zuflucht zum Skeptizismus oder zumindest doch zu der Auffassung, daß, da doch alle geschichtlichen Urteile persönliche Anschauungen einschließen, das eine so gut wie das andere sei und daß es keine ‚objektive' geschichtliche Wahrheit gebe."[2]

Wo die Fachgelehrten einander so offenkundig widersprechen, ist das Feld frei für Untersuchungen. Ich hoffe, hinlänglich auf dem laufenden zu sein, um alles, was in den neunziger Jahren des 19. Jahrhunderts geschrieben wurde, für Unsinn zu halten. Doch bin ich noch nicht so weit fortgeschritten, daß ich alles, was um 1950 herum geschrieben wurde, für unbedingt sinnvoll halte. Nun, es mag Ihnen schon aufgefallen sein, daß diese Untersuchung die Tendenz hat, über das Wesen der Geschichte hinaus auf etwas Umfassenderes abzuschweifen. Im Zusammenstoß zwischen Acton und Sir George Clark spiegelt sich die Änderung unserer gesamten Auffassung von der Gesellschaft, die sich in dem Zeitraum zwischen diesen beiden Aussprüchen vollzogen hat. Acton spricht aus dem positivistischen Glauben der spätviktorianischen Zeit, Sir George Clark repräsentiert die Verwirrung und den von Sinnen gekommenen Skeptizismus der „beat generation". Wenn wir versuchen, die Frage: Was ist Geschichte? zu beantworten, spiegelt unsere Antwort bewußt oder unbewußt unsere eigene Einstellung zur Zeit und bildet einen Teil unserer Antwort auf die umfassendere Frage, wie wir die Gesellschaft, in der wir leben, betrachten. Ich fürchte nicht, daß mein Thema bei näherer Betrachtung trivial erscheinen könnte. Ich fürchte aber, daß man mich, wenn ich eine so umfassende und wichtige Frage aufs Tapet bringe, für anmaßend halten wird.

Das 19. Jahrhundert war das große Zeitalter der Tatsachen. „Was ich brauche", sagte Mr. Gradgrind in *Hard Times* von Dickens, „das sind Tatsachen ... Im Leben braucht man überhaupt nur Tatsachen." Die Historiker des 19. Jahrhunderts stimmten im großen und ganzen mit ihm überein. Als Ranke etwa um 1830 in einem berechtigten Protest gegen die moralisierende Geschichtsschreibung äußerte, die Aufgabe des Historikers bestehe nur darin, aufzuzeigen, „wie es eigentlich gewesen", hatte dieser nicht besonders tiefe Aphorismus einen erstaunlichen Erfolg. Für drei Generationen deutscher, englischer und sogar französischer Historiker waren die magischen Worte „wie es eigentlich gewesen" die Kampfparole, die sie wie eine Beschwörung anstimmten, um sich der ermüdenden Verpflichtung selbständigen Denkens zu entziehen — und das bezwecken ja die meisten Beschwörungen. Die Positivisten, denen viel daran lag, die Geschichte unter die Wissenschaften einzureihen, warfen das Gewicht ihres Einflusses in die Waagschale dieses Tatsachenkultes. Zunächst handelt es sich darum, die Tatsachen zu ermitteln, sagten sie, dann erst kann man Schlüsse ziehen. Diese Sicht der Geschichte fand sich in England mit der dort seit Locke (bis herunter zu Bertrand Russell) die Philosophie beherrschenden empirischen Tradition reibungslos zusammen. Die Erkenntnistheorie der Empiristen setzt eine vollständige Trennung von Subjekt und Objekt voraus. Tatsachen wirken wie die Sinneseindrücke auf den Betrachter von außen ein und sind unabhängig von seinem Bewußtsein. Der Aufnahmeprozeß ist passiv: wenn man im Besitz der Daten ist, setzt der Bearbeitungsprozeß ein. Das *Oxford Shorter English Dictionary*, ein nützliches, aber tendenziöses Werk der empirischen Schule, macht den getrennten Ablauf der beiden Prozesse deutlich, indem es eine Tatsache als „eine von Folgerungen gesonderte Gegebenheit der Erfahrung" definiert. Das könnte man die common-sense-Sicht der Geschichte nennen. Geschichte besteht aus einer Summe festgestellter Tatsachen. Die Fakten sind dem Historiker in Dokumenten, Inschriften usw. zugänglich wie feilgebotene Fische. Der Historiker holt sie ein, nimmt sie mit nach Hause, kocht und serviert sie in einem ihm wohlgefälligen Stil. Acton, dessen kulinarischer Geschmack streng war, wollte sie schmucklos serviert haben. In einem Brief, in dem er den Mitarbeitern der ersten Ausgabe der *Cambridge Modern History* Anweisungen erteilt, stellt er die Forderung „daß unser Waterloo so sein muß, daß es gleicherweise die Franzosen und Engländer wie die Deutschen und Holländer zufriedenstellt; daß niemand, ohne sich des Verfasserverzeichnisses zu bedienen, sagen kann, wo der Bischof von Oxford die Feder niederlegte und ob Fairbairn oder Gasquet, Liebermann oder Harrison sie wieder aufnahm."[3]

Selbst Sir George Clark unterschied in der Geschichte, obwohl er doch Actons Einstellung kritisch gegenüberstand, zwischen dem „festen Kern der Fakten" und „dem Fruchtfleisch der anzweifelbaren Interpretation"[4] — vergaß dabei aber vielleicht, daß der fleischige Teil der Frucht lohnender ist als der harte Kern. Bringt zunächst eure Fakten in Ordnung, dann stürzt euch auf eigene Gefahr in die Ungewißheit einer Interpretation — das ist die letzte Weisheit der empirischen common-sense-Schule der Geschichtsforschung. Das erinnert an den Lieblingsausspruch des großen liberalen Journalisten C. P. Scott: „Die Fakten sind heilig, die Meinung ist frei."

Aber so kommen wir offensichtlich nicht weiter. Ich werde mich nicht auf eine philosophische Diskussion über das Wesen unserer geschichtlichen Kenntnisse einlassen. Nehmen wir zweckdienlicherweise für den Moment einmal an, die Tatsache, daß Caesar den Rubicon überschritt, und die Tatsache, daß in der Mitte dieses Zimmers ein Tisch steht, seien Tatsachen derselben oder doch einer vergleichbaren Ordnung; ferner, daß diese beiden Tatsachen in derselben oder doch in einer vergleichbaren Weise in unser Bewußtsein treten und daß beide in bezug auf die Person, der sie bekannt sind, denselben objektiven Charakter haben. Aber trotz dieser kühnen und nicht sehr einleuchtenden Annahme stößt unser Argument sofort auf die Schwierigkeit, daß nicht alle Fakten der Vergangenheit historische Fakten sind oder von den Historikern als solche behandelt werden. Welches Kriterium haben wir also, die historischen Fakten von den anderen Fakten der Vergangenheit zu unterscheiden?

Was ist ein historisches Faktum? Das ist eine entscheidende Frage, die wir etwas näher betrachten müssen. Die Anhänger des common-sense vertreten die Auffassung, es gebe gewisse grundlegende und für sämtliche Historiker verbindliche Fakten, die sozusagen das Rückgrat der Geschichte ausmachten — das Faktum z. B., daß die Schlacht bei Hastings 1066 ausgetragen wurde. Dazu ist zweierlei zu bemerken. Erstens hat es der Historiker nicht in erster Linie mit derartigen Fakten zu tun. Zweifellos ist es wichtig, daß die große Schlacht 1066 und nicht 1065 oder 1067 stattfand und daß sie bei Hastings und nicht bei Eastbourne oder Brighton geschlagen wurde. Freilich darf der Historiker diese Dinge nicht durcheinander bringen; aber bei solchen

Diskussionen fällt mir immer Housmans Äußerung ein: „Genauigkeit ist eine Pflicht und keine Tugend."[5]

Wer wird schon einen Historiker wegen seiner Genauigkeit loben? Das wäre ja, wie wenn man einen Architekten dafür loben wollte, daß er bei seinem Bau gutabgelagertes Holz oder ordentlich gemischten Beton verwendet hat. Damit erfüllt er ja nur eine Grundvoraussetzung seiner Arbeit, aber noch nicht seine wesentliche Funktion. Was diese grundsätzlichen Dinge angeht, so hat der Historiker das Recht, sich auf die geschichtlichen Hilfswissenschaften (wie die Archäologie, die Inschriftenkunde, die Münzkunde, die Chronologie usw. genannt werden) zu verlassen. Kein Mensch erwartet vom Historiker die speziellen Fähigkeiten, die der Experte braucht, um den Ursprung und die Entstehungszeit eines Ton- oder Marmorfragments zu bestimmen, eine obskure Inschrift zu entziffern oder die komplizierten astronomischen Kalkulationen, die zu einer genauen Zeitbestimmung nötig sind, durchzuführen. Diese sogenannten grundlegenden Fakten, die für alle Historiker die gleichen sind, gehören im großen und ganzen eher zur Kategorie des historischen Rohmaterials als zur Geschichte selbst. Zweitens liegt die Notwendigkeit, diese grundlegenden Fakten festzusetzen, nicht in irgendeiner Qualität der Fakten selber, sondern in einer a priori-Entscheidung des Historikers. Trotz C. P. Scotts Motto weiß heute jeder Journalist, daß der wirksamste Weg, die Meinung zu beeinflussen, eine Auswahl und Zusammenstellung der in Frage kommenden Fakten ist. Die Tatsachen sprechen für sich selbst, pflegte man zu sagen. Aber das stimmt natürlich nicht. Die Tatsachen sprechen nur, wenn der Historiker sich an sie wendet: er nämlich entscheidet, welchen Fakten Raum gegeben werden soll und in welcher Abfolge oder in welchem Zusammenhang. Es war, glaube ich, eine Figur Pirandellos, die sagte, daß eine Tatsache einem Sack gleiche — solang man nichts hineintut, bleibt er auch nicht stehen. Der einzige Grund, warum es uns interessiert, daß die Schlacht bei Hastings 1066 stattfand, liegt darin, daß dieser Umstand von den Historikern als ein bedeutendes historisches Ereignis angesehen wird. Daß Caesars Überschreitung jenes unbedeutenden Flusses Rubicon ein Faktum der Geschichte ist, während es keinen Menschen interessiert, daß Millionen anderer vorher oder nachher den Rubicon auch überschritten haben, ist vom Historiker nach seinen eigenen Gründen bestimmt worden. Die Tatsache, daß Sie vor einer halben Stunde zu Fuß oder mit dem Rad oder dem Auto vor diesem Gebäude angekommen sind, ist genausogut ein Tatbestand der Vergangenheit wie die Tatsache, daß Caesar den Rubicon überschritt. Aber wahrscheinlich wird sie von den Historikern unbeachtet bleiben. Professor Talcott Parsons nannte einmal die Wissenschaft „ein selektives System von Erkenntnisorientierungen gegenüber der Wirklichkeit."[6] Man hätte es vielleicht auch einfacher ausdrücken können. Aber Geschichte ist unter anderem auch das. Der Glaube an einen festen Kern historischer Fakten, die objektiv und unabhängig von der Interpretation des Historikers bestehen, ist ein lächerlicher, aber nur schwer zu beseitigender Trugschluß.

Betrachten wir einmal den Prozeß, durch den eine bloße Tatsache der Vergangenheit zu einer historischen Tatsache wird. 1850 wurde in Stalybridge Wakes ein Pfefferkuchenverkäufer anläßlich eines kleinen Streits vom wütenden Mob vorsätzlich totgeschlagen. Ist das nun ein geschichtliches Faktum? Vor einem Jahr noch hätte ich ohne zu zögern mit „nein" geantwortet. Es wurde von einem Augenzeugen in irgendwelchen wenig bekannten Memoiren berichtet[7]; aber meines Wissens hatte noch kein Historiker dieser Begebenheit seine Aufmerksamkeit gewidmet. Vor einem Jahr jedoch führte Dr. Kitson Clark diesen Vorfall in seinen Fordvorlesungen in Oxford an[8]. Macht ihn das nun schon zu einem historischen Faktum? Noch nicht, scheint mir. Sein gegenwärtiger Status, möchte ich meinen, besteht darin, daß er als Mitglied des auserlesenen Klubs der historischen Fakten vorgeschlagen wurde. Er wartet jetzt auf Förderer und Paten. Es kann leicht sein, daß wir diese Tatsache im Verlauf der nächsten Jahre in Artikeln und Büchern über das England des 19. Jahrhunderts zuerst in Fußnoten, dann im Text auftauchen sehen und daß sie bereits in zwanzig oder dreißig Jahren ein anerkanntes historisches Faktum ist. Ebensogut kann es aber auch sein, daß sich ihrer niemand annimmt, womit sie dann als unhistorisches Faktum der Vergangenheit der Vergessenheit wiederum anheimfällt, der Dr. Kitson Clark sie so galanterweise zu entreißen versuchte. Was wird die Entscheidung über diese beiden Möglichkeiten herbeiführen? Sie wird, denke ich, davon abhängen, ob die These oder Interpretation, zu deren Stütze Dr.

Kitson Clark diesen Vorfall anführte, von anderen Historikern als gültig und bedeutend gebilligt wird. Seine Aufnahme unter die historischen Fakten ist also eine Frage der Interpretation. Und dieses Element der Interpretation fließt in jedes historische Faktum mit ein.

Es sei mir vergönnt, eine persönliche Erinnerung einzuflechten. Als ich vor vielen Jahren an dieser Universität alte Geschichte studierte, arbeitete ich über das Spezialgebiet: „Griechenland zur Zeit der Perserkriege". Auf meinem Bücherbord sammelten sich 15 oder 20 Bände an, und ich zweifelte nicht daran, daß ich damit alle Fakten beisammen hatte, die sich auf mein Thema bezogen. Nehmen wir einmal an — es fehlte auch nicht viel —, diese Bände hätten all die Tatsachen enthalten, die damals bekannt waren oder bekannt sein konnten. Es kam mir damals nicht in den Sinn, mir die Frage vorzulegen, durch welchen Zufall oder Verschleifungsprozeß diese kleine Auslese aus all den Myriaden von Fakten, die irgendwann irgend jemandem bekannt gewesen sein mußten, überlebt hatte, um zu *den* Fakten in der Geschichte zu werden. Ja, ich vermute, daß sogar heute noch ein gut Teil der Faszination der alten oder mittelalterlichen Geschichte darin liegt, daß sie uns die Illusion vermittelt, innerhalb eines überschaubaren Umkreises alle Fakten zur Verfügung zu stellen: die qualvolle Unterscheidung zwischen historischen und anderen Fakten der Vergangenheit wird hinfällig, weil die wenigen bekannten Tatsachen alle zu den Tatsachen der Geschichte gehören. Wie Bury, der über beide Zeitabschnitte gearbeitet hat, sagt, „die Aufzeichnungen über alte und mittelalterliche Geschichte glänzen durch Lücken."[9] Man hat die Geschichte ein riesiges Zusammensetzspiel mit einer Menge fehlender Teile genannt. Aber die Hauptschwierigkeit liegt nicht in den Lücken. Das Bild, das wir uns vom Griechenland des 5. Jahrhunderts v. Chr. machen, ist nicht in erster Linie deswegen fehlerhaft, weil so viele Stücke zufällig verlorengegangen sind, sondern weil es alles in allem die Vorstellung einer kleinen Gruppe von Athenern ist. Wir wissen eine ganze Menge darüber, wie das Griechenland des 5. Jahrhunderts einem athenischen Bürger erschien; aber fast nichts darüber, wie es den Spartanern, den Korinthern oder Thebanern erschien — ganz zu schweigen von den Persern oder den Sklaven oder den sonstigen nicht eingebürgerten Bewohnern der

Stadt. Unser Bild ist schon vor uns für uns ausgewählt und bestimmt worden, nicht so sehr durch den Zufall als durch Leute, die bewußt oder unbewußt von einer ganz bestimmten Sicht durchdrungen waren und die Tatsachen, die diese Sicht stützten, des Aufschreibens wert fanden. Genauso frage ich mich auch, wenn ich in einem modernen Geschichtsbuch lese, daß die Menschen des Mittelalters innig an der Religion hingen, woher wir das wissen, und ob es wahr ist. Die geschichtlichen Tatsachen, die uns über das Mittelalter bekannt sind, wurden fast alle von Generationen von Chronisten ausgewählt, die von Berufs wegen mit der Theorie und der Ausübung der Religion zu tun hatten, die sie deshalb für höchst bedeutsam hielten und alles, was sich auf sie bezog, berichteten, aber nicht viel darüber hinaus. Das Bild des tiefreligiösen russischen Bauern wurde durch die Revolution von 1917 zerstört. Aber das Bild des tiefreligiösen mittelalterlichen Menschen ist, ob es nun wahr ist oder nicht, unzerstörbar, da fast alle bekannten Fakten durch Menschen ausgewählt wurden, die es glaubten und denen daran lag, daß auch andere es glaubten, und da eine Menge anderer Tatsachen, die uns möglicherweise das Gegenteil bezeugt hätten, unwiderruflich verlorenging. Die tote Hand ganzer Generationen früherer Historiker, Schreiber und Chronisten hat, ohne uns eine Möglichkeit des Einspruchs zu lassen, das Bild der Vergangenheit bestimmt. „Es wird immer noch viel zu wenig wahrgenommen", schreibt Professor Barraclough, dessen Spezialgebiet das Mittelalter ist, „daß die Geschichte, die wir lesen, genaugenommen nicht so sehr Tatsachen bringt, obwohl sie sich auf Tatsachen gründet, als eine Reihe angenommener Meinungen." [10]

Aber wenden wir uns jetzt der andersgelagerten, aber ebenso schwierigen und mißlichen Lage des Historikers für neue Geschichte zu. Der Historiker für alte oder mittelalterliche Geschichte kann dem großen sichtenden Prozeß, der ihm mit der Zeit einen handlichen Bestand historischer Fakten zur Verfügung gestellt hat, dankbar sein. Denn, wie Lytton Strachey in seiner boshaften Art sagt, „Unwissenheit ist die erste Pflicht eines Historikers, Unwissenheit, die vereinfacht und klärt, auswählt und ausläßt" [11]. Wenn ich — und das kommt manchmal vor — versucht bin, die Kollegen, die über alte oder mittelalterliche Geschichte schreiben, um ihre Kompetenz zu beneiden, vertröste ich mich mit dem Gedanken, daß sie hauptsächlich deshalb so kompetent sind, weil sie so wenig über ihr Thema wissen. Dem Historiker für moderne Geschichte bleiben die Vorteile der ein für allemal verbrieften Unwissenheit versagt. Er muß diese notwendige Unwissenheit selber pflegen — und das um so mehr, je näher er seiner eigenen Zeit kommt. Er hat die zweifache Aufgabe, die wenigen bedeutsamen Fakten herauszufinden und sie zu geschichtlichen Fakten zu machen und die vielen unbedeutenden Fakten als unhistorisch aus dem Weg zu räumen. Das ist nun aber gerade das Gegenteil der Häresie des 19. Jahrhunderts, die besagt, Geschichte bestehe im Anhäufen der größtmöglichen Zahl unantastbarer und objektiver Fakten. Jeder, der dieser Häresie erliegt, muß entweder Geschichte als eine Sisyphusarbeit aufgeben und zum Briefmarkensammeln oder zu irgendeiner anderen Form der Altertumsliebhaberei übergehen, oder aber im Tollhaus enden. Dieser Häresie fällt es auch zur Last, daß die Geschichtsschreibung der letzten hundert Jahre verheerend ausgefallen ist: in Deutschland, England und den USA entstand eine große und ständig noch wachsende Anzahl staubtrockener Tatsachengeschichtsbücher und bis ins kleinste spezialisierter Monographien; dazu gesellten sich eine Unmenge von Pseudohistorikern, die immer mehr über immer weniger wußten und schließlich spurlos im Ozean der Tatsachen untergingen. Und endlich war es diese Häresie, möchte ich meinen, und weniger der angebliche Konflikt zwischen liberalen und katholischen Bindungen, die Acton als Historiker so behindert hat. In einem frühen Essay sagt er über seinen Lehrer Döllinger: „Er wollte nur mit einem vollkommenen Material arbeiten, aber das Material war für ihn immer unvollkommen."[12] Damit nahm er sicherlich das Urteil über sich selber vorweg, über dieses seltsame Phänomen eines Historikers, den viele für den ausgezeichnetsten unter allen Inhabern des Regius-Lehrstuhls für moderne Geschichte an dieser Universität halten würden, wenn er nur wirklich Geschichte geschrieben hätte. Und er schrieb seinen eigenen Epitaph, als er sich in der Einleitung zum ersten Band der *Cambridge Modern History,* der kurz nach seinem Tod erschien, beklagte, daß der Historiker unter dem Druck der auf ihm lastenden Forderungen „Gefahr läuft, vom Gelehrten zum Kompilator einer Enzyklopädie zu werden".[13] Etwas war falsch gewesen. Falsch war der Glaube, daß die Grundlage der Geschichte ein unermüdliches und endloses Anhäufen von festen Tatsachen sei, der Glaube, daß Fakten für sich selber sprächen und daß wir nicht genug Fakten haben könnten, ein Glaube, der zu jener Zeit so unbedenklich hingenommen wurde, daß wenige Historiker es für notwendig erachteten — und manche halten es auch heute noch nicht für notwendig —, sich die Frage vorzulegen: Was ist Geschichte?

Der fetischistische Glaube, mit dem das 19. Jahrhundert an den Fakten hing, fand in einer blinden Anbetung der Dokumente seine Ergänzung und Rechtfertigung. Die Dokumente waren die Bundeslade im Tempel der Fakten. Der ehrerbietige Historiker nahte ihnen gesenkten Hauptes und sprach von ihnen mit Schauern der Ehrfurcht. Die Dokumente verbürgen die Wahrheit. Aber was besagen diese Dokumente denn eigentlich — all die Verfügungen, Abhandlungen, Pachturkunden, Blaubücher [14], die amtliche Korrespondenz, die privaten Briefe und Tagebücher — wenn man der Sache auf den Grund geht? Jedes Dokument sagt uns nur, was sein Autor dachte — was seiner Meinung nach geschehen war, geschehen sollte oder geschehen würde; vielleicht auch nur, was er uns als seine Meinung darlegen wollte oder aber auch das, was er selbst dafür hielt. Alle diese Dokumente bedeuten nichts, ehe sie der Historiker nicht unter die Lupe genommen und entziffert hat. Der Historiker muß die Fakten, ob sie nun durch Dokumente belegt sind oder nicht, erst einem Prozeß unterziehen, ehe er sie verwenden kann: ihre Verwendung aber ist, wenn ich mich so ausdrücken darf, der Prozeß in seinem Vollzug.

Zur näheren Erläuterung meiner Ausführungen möchte ich nun einen Fall anführen, über den ich zufällig recht gut Bescheid weiß. Als Gustav Stresemann, der Außenminister der Weimarer Republik, 1929 starb, hinterließ er die stattliche Zahl von 300 Kästen mit Papieren, amtlichen, halbamtlichen und privaten, die sich fast alle auf die sechs Jahre seiner Amtszeit als Außenminister bezogen. Seine Freunde und Verwandten wollten natürlich dem Andenken eines so großen Mannes ein Monument errichtet wissen. So machte sich also sein treuer Sekretär Bernhard ans Werk; und innerhalb von drei Jahren erschien in drei umfangreichen Bänden eine Auswahl aus den Dokumenten der

300 Kästen unter dem eindrucksvollen Titel *Stresemanns Vermächtnis;* jeder Band umfaßte etwa 600 Seiten. Nach dem gewöhnlichen Gang der Dinge wären die Dokumente in irgendeinem Keller oder auf einem Boden vermodert und für immer von der Bildfläche verschwunden; vielleicht aber auch wäre nach, sagen wir, hundert Jahren, ein neugieriger Gelehrter auf sie gestoßen und hätte sich daran gemacht, sie mit Bernhards Text zu vergleichen. Aber es geschah etwas viel Dramatischeres. 1945 fielen die Dokumente der britischen und der amerikanischen Regierung in die Hände, die den ganzen Stoß fotografieren ließen und die Fotokopien im Public Record Office in London und im National-Archiv in Washington den Gelehrten zugänglich machten, so daß wir, falls wir nur genügend Ausdauer und Wißbegier besitzen, Bernhards Verfahren genau verfolgen können. Es war weder besonders ausgefallen noch sehr aufregend. Als Stresemann starb, schien seine westliche Politik von einer Reihe brillanter Erfolge gekrönt — Locarno, Deutschlands Eintritt in den Völkerbund, der Dawes- und der Youngplan, die amerikanischen Darlehen, die Zurückziehung der alliierten Besatzungstruppen aus dem Ruhrgebiet. Darin schienen Bedeutung und Erfolg von Stresemanns Außenpolitik zu liegen; und es ist nur zu natürlich, daß Bernhard bei der Auswahl der Dokumente allzu großen Nachdruck auf diesen Aspekt legte. Stresemanns Ostpolitik hingegen, seine Beziehungen zur Sowjetunion, schienen nicht besonders erfolgreich gewesen zu sein; und da zahlreiche Dokumente über Verhandlungen, die nur unbedeutende Erfolge gezeitigt hatten, weder besonders interessant waren, noch auch Stresemanns Ruhm erhöhten, konnte hier der Prozeß der Auswahl rigoroser betrieben werden. In Wirklichkeit aber hatte Stresemann viel ausdauernder und mit großer Besorgnis über die Beziehungen zur Sowjetunion gewacht — sie hatte eine viel größere Rolle in seiner gesamten Außenpolitik gespielt, als es der Leser der Bernhardschen Auswahl vermuten würde. Dabei aber, möchte ich meinen, schneiden die Bernhardschen Bände bei einem Vergleich mit vielen anderen veröffentlichten Dokumentensammlungen, auf die sich der Durchschnittshistoriker blind verläßt, noch gut ab.

Damit bin ich aber noch nicht am Ende meiner Geschichte. Kurz nach der Veröffentlichung der Bernhardschen Auswahl kam Hitler an die Macht. Stresemanns Name wurde in Deutschland der Vergessenheit anheimgegeben, die Bände wurden aus dem Umlauf gezogen. Viele, vielleicht der größte Teil der Exemplare wurden vernichtet. Heute ist *Stresemanns Vermächtnis* ein ziemlich seltenes Buch. Aber Stresemanns Ansehen wurde im Westen hochgehalten. 1935 brachte ein englischer Verleger eine gekürzte Übersetzung von Bernhards Werk heraus — eine Auswahl aus Bernhards Auswahl; das Original war um etwa ein Drittel gekürzt worden. Sutton, ein wohlbekannter Übersetzer aus dem Deutschen, war mit der nötigen Genauigkeit und Sachkenntnis zu Werk gegangen. Die englische Version, so erklärte er in seinem Vorwort, sei „etwas gedrängter, aber er habe nur das in gewissem Ausmaß weggelassen, was er über den unmittelbaren Anlaß hinaus für weniger bedeutsam und für englische Leser oder Studenten von geringerem Interesse gehalten habe."[15] Auch das ist nur natürlich. Aber die Folge ist, daß Stresemanns Ostpolitik, die schon bei Bernhard zu kurz gekommen war, bei Sutton noch weiter aus dem Blickpunkt rückt und die Sowjetunion in Stresemanns betont westlich orientierter Außenpolitik die Rolle eines gelegentlichen und ziemlich unwillkommenen Eindringlings spielt. Und doch kann man zu Recht behaupten, daß Sutton, nicht Bernhard und noch viel weniger die Dokumente selber, für die westliche Welt — ein paar Spezialisten ausgenommen — Stresemanns authentische Stimme darstellt. Wären die Dokumente 1945 durch die Bomben vernichtet worden und die restlichen Bernhardschen Bände verschwunden, so wäre Suttons Authentizität und Autorität nie in Frage gestellt worden. Und in gleicher Weise haben viele gedruckte Dokumentensammlungen, die von den Historikern mangels Originalen dankbar angenommen wurden, keine sicherere Grundlage.

Aber ich möchte die Geschichte noch einen Schritt weiter verfolgen. Vergessen wir einmal Bernhard und Sutton und seien wir dankbar, daß wir, wenn wir wollen, die authentischen Papiere eines führenden Teilnehmers an so manchen bedeutenden Ereignissen der jüngsten europäischen Geschichte zu Rate ziehen können. Was sagen uns die Papiere? Unter anderem enthalten sie Berichte über einige 100 Besprechungen, die Stresemann mit dem sowjetischen Gesandten in Berlin führte, und etwa 20 Aufzeichnungen über Gespräche mit Tschitscherin. All diese Berichte haben einen gemeinsamen Zug: Stresemann fällt der Löwenanteil an der Konversation zu, seine Argumente sind immer gut gesetzt und schlagend, während die seines Partners zum großen Teil knapp, verworren und wenig überzeugend erscheinen. Dieser Zug ist für alle Berichte über diplomatische Gespräche bezeichnend. Die Dokumente unterrichten uns nicht über das Geschehen wie es wirklich war, sondern nur darüber, wie Stresemann es sah oder aufgefaßt wissen oder selbst sehen wollte. Nicht Sutton oder Bernhard, sondern Stresemann selbst brachte den Prozeß der Auswahl ins Rollen. Und selbst wenn wir, sagen wir von Tschitscherin, Berichte über dieselben Gespräche hätten, so würden wir doch wiederum nur wissen, was Tschitscherin dachte, und es bliebe doch dem Historiker überlassen, das tatsächliche Geschehen zu rekonstruieren. Natürlich sind Fakten und Dokumente für den Historiker wesentlich. Aber man sollte sie nicht zum Fetisch machen. Sie machen noch nicht die Geschichte aus; für sich genommen geben sie noch keine fertige Antwort auf die ermüdende Frage „Was ist Geschichte?"

Hier nun würde ich gerne einige Worte dazu sagen, warum die Historiker des 19. Jahrhunderts im großen und ganzen der Geschichtsphilosophie gleichgültig gegenüberstanden. Der Ausdruck selbst, eine Erfindung Voltaires, wurde seither in verschiedenen Bedeutungen gebraucht; ich nun will ihn, wenn überhaupt, so gebrauchen, daß er auf die Frage, was ist Geschichte, antwortet. Das 19. Jahrhundert war für die Intellektuellen Westeuropas eine behagliche Zeit, die Vertrauen und Optimismus ausschwitzte. Die allgemeine Lage war im großen und ganzen zufriedenstellend, und dementsprechend war die Neigung, verfängliche Fragen bezüglich der Fakten zu stellen und zu beantworten, gering. Ranke hatte den frommen Glauben, daß sich die göttliche Vorsehung schon des Sinnes der Geschichte annehmen würde, wenn nur er sich der Fakten annähme; und Burckhardt bemerkte mit einem Anflug von modernem Zynismus, daß „wir in die Wege der ewigen Weisheit nicht eingeweiht sind". Professor Butterfield schrieb noch 1931 mit offensichtlicher Genugtuung, daß „die Historiker kaum über die Natur der Dinge und wenig über die Natur ihres eigenen Themas nachgedacht haben":[16] Aber mein Vorgänger an dieser Universität, Dr. A. L. Rowse, dessen Kritik mit mehr Einsicht gepaart war, schrieb über Sir Winston

Churchills *World Crisis* — ein Buch über den ersten Weltkrieg —, daß es Trotzkis *Geschichte der russischen Revolution* zwar an Beweglichkeit, Lebhaftigkeit und persönlicher Kraft gleichkäme, ihr aber in einem Punkt unterlegen sei: es habe „keine Geschichtsphilosophie hinter sich". [17] Die englischen Historiker weigerten sich, dem zuzustimmen, nicht weil sie nicht an den Sinn der Geschichte glaubten, sondern weil sie glaubten, er liege implicite auf der Hand. Die liberale Sicht der Geschichte im 19. Jahrhundert war eng verbunden mit der wirtschaftlichen Doktrin des *laissez-faire,* die ebenfalls auf dem Boden einer von heiterem Selbstvertrauen getragenen Weltanschauung erwuchs. Wenn nur jeder seine besondere Arbeit vorantreibt, so dachte man, dann wird sich schon eine unsichtbare Hand der allgemeinen Harmonie annehmen. Waren doch die geschichtlichen Fakten ihrerseits schon ein Beweis für die höchste Wirklichkeit eines wohltätigen und offensichtlich unendlichen Fortschritts zu Höherem. Das war das Alter der Unschuld; im Angesicht des Gottes der Geschichte ergingen sich die Historiker im Garten Eden ohne jeden Fetzen Philosophie zu ihrer Bedeckung und schämten sich ihrer Blöße nicht. Inzwischen sind wir gefallen, wir haben die Sünde kennengelernt; und jene Historiker, die heutzutage vorgeben, ohne Geschichtsphilosophie auszukommen, versuchen nur, eitel und selbstbewußt wie die Anhänger der Nacktkultur, den Garten Eden in ihren Schrebergärten wieder erstehen zu lassen. Die verfängliche Frage läßt sich eben nicht mehr länger umgehen.

Während der letzten fünfzig Jahre wurde viel und ernsthaft über die Frage „Was ist Geschichte?" nachgedacht. Die Doktrin, in der Geschichte stehe den Fakten Primat und Autonomie zu, wurde zuerst von Deutschland, dem Land, das so viel tun sollte, um die behagliche Herrschaft des Liberalismus des 19. Jahrhunderts aus der Fassung zu bringen, angegriffen, und zwar in den achtziger und neunziger Jahren des 19. Jahrhunderts. Die Philosophen, die damals die Einwände vorbrachten, sind heute fast nur noch dem Namen nach bekannt: Dilthey ist der einzige unter ihnen, dem kürzlich in England so etwas wie eine verspätete Anerkennung zuteil wurde. Vor der Jahrhundertwende ging es unserem Land viel zu gut, war unser Selbstvertrauen viel zu groß, als daß wir den Häretikern, die den Kult der Fakten angriffen, hätten Aufmerksamkeit schenken können. Aber in den ersten Jahren des neuen Jahrhunderts wechselte die Fackel von Deutschland nach Italien über, wo Croce nun eine Geschichtsphilosophie vorzuschlagen begann, die den deutschen Meistern offensichtlich recht viel verdankte. Geschichte ist immer „zeitgenössische Geschichte", erklärte Croce [18]; er meinte damit, daß die Geschichte wesensbedingt die Vergangenheit mit den Augen der Gegenwart und im Licht ihrer eigenen Probleme sehe und daß die Hauptarbeit des Historikers nicht im Berichten, sondern im zahlenmäßigen Bestimmen liege; denn woher soll er ohne Zahlenaufstellung wissen, was berichtenswert ist? 1910 sagte der amerikanische Historiker Carl Becker in der deutlichen Absicht, zu provozieren: „Die Fakten der Geschichte gibt es für einen Historiker erst, wenn er sie geschaffen hat".[19] Diese Herausforderungen wurden zum damaligen Zeitpunkt wenig beachtet. Erst nach 1920 gewann Croce einen beträchtlichen Einfluß in Frankreich und England, nicht etwa, weil er ein subtilerer Denker oder besserer Stilist als seine deutschen Vorgänger gewesen wäre, sondern weil uns die Fakten weniger günstig zu lächeln schienen als vor 1914 und wir somit eine Philosophie, die deren Ansehen zu verringern suchte, zugänglicher waren. Croce übte einen beträchtlichen Einfluß auf den Oxforder Philosophen und Historiker Collingwood aus, den einzigen britischen Denker unseres Jahrhunderts, der einen ernstzunehmenden Beitrag zur Philosophie der Geschichte leistete. Er starb, noch ehe er seine geplante systematische Abhandlung geschrieben hatte; aber nach seinem Tod wurden seine Publikationen und Manuskripte zu diesem Thema unter dem Titel *The Idea of History* gesammelt; der Band erschien 1945.[20]

Man kann Collingwoods Ansichten folgendermaßen zusammenfassen. Die Geschichtsphilosophie hat es weder mit der „Vergangenheit an sich", noch mit dem „was der Historiker darüber denkt" zu tun, sondern „mit beiden in ihrer Wechselwirkung". (Dieser Ausspruch spiegelt die beiden gängigen Bedeutungen des Worts Geschichte: es bezeichnet einerseits die Forschung des Historikers und andererseits die Reihe der vergangenen Ereignisse, die er erforscht.) „Die Vergangenheit, mit der sich der Historiker befaßt, ist nicht tot, sie lebt in gewisser Weise in der

Gegenwart weiter." Aber ein Akt, der der Vergangenheit angehört, ist tot, d. h. bedeutungslos für den Historiker, es sei denn, er versteht den Gedanken, der ihm zugrunde lag. Somit ist also „Geschichte immer eine Geschichte der Gedanken" und „das Neudenken eines auf seine Geschichte hin untersuchten Gedankens durch den Historiker". Die Rekonstruktion der Vergangenheit im Geist des Historikers hängt von der empirischen Evidenz ab. Aber sie ist selbst kein empirischer Prozeß und kann nicht in einer bloßen Aufzählung der Fakten bestehen. Ganz im Gegenteil, der Prozeß der Rekonstruktion bestimmt Auswahl und Interpretation der Fakten. Und das nämlich macht sie zu historischen Fakten. „Geschichte", sagt Professor Oakeshott, der über diesen Punkt ähnlich denkt wie Collingwood, „ist die Erfahrung des Historikers. Sie wird ausschließlich vom Historiker ‚gemacht': Geschichte schreiben ist die einzige Art und Weise, Geschichte zu machen." [21]

Diese gründliche Kritik, mag sie auch einiger ernsthafter Einschränkungen bedürfen, bringt doch gewisse vernachlässigte Wahrheiten an den Tag.

Erstens haben wir die Fakten der Geschichte nie „rein", da es sie in reiner Form nicht gibt, ja nicht einmal geben kann: im Geist des Berichterstatters erfahren sie immer eine Brechung. Daraus folgt, daß wir uns, wenn wir ein Geschichtswerk lesen, in erster Linie für den Historiker, der es geschrieben hat, interessieren sollten und erst dann für die Fakten, die es enthält. Hier möchte ich den großen Historiker, zu dessen Ehre und in dessen Namen diese Vorlesungen eingeführt wurden, als Beispiel anführen. Trevelyan wurde, wie er uns in seiner Autobiographie erzählt, „in einer etwas überschwenglichen Whigtradition erzogen" [22]; und er würde, hoffe ich, nicht gegen den Titel protestieren, den ich ihm zulege, wenn ich ihn als den letzten, aber nicht den geringsten großen englischen Historiker mit liberaler Gesinnung aus der Whigtradition bezeichne. Nicht umsonst führt er seinen Stammbaum über den großen Whighistoriker George Otto Trevelyan bis zu Macaulay, dem unbestreitbar größten Whighistoriker, zurück. Trevelyans bestes und reifstes Werk *England under Queen Anne* wurde vor diesem Hintergrund geschrieben, und der Leser kann es nur dann in seiner vollen Bedeutung erfassen, wenn er es gegen eben diesen Hintergrund hält. Und es liegt wirklich nicht am Autor, wenn dem Leser das nicht aufgeht. Denn wenn man sich die Technik der Kriminalromanliebhaber zu eigen macht und das Ende zuerst liest, findet man auf den letzten Seiten des dritten Bandes die — meines Wissens jedenfalls — beste Zusammenfassung dessen, was man heute als die Whiginterpretation der Geschichte bezeichnet; und man wird begreifen, daß Trevelyan versucht, Ursprung und Entwicklung der Whigtradition zu verfolgen und sie in den Jahren, die auf den Tod ihres Begründers Wilhelm III. folgen, sauber und sicher unter Dach und Fach zu bringen. Obwohl dies vielleicht nicht die einzig mögliche Interpretation der Ereignisse während der Regierungszeit der Königin Anna ist, ist sie doch gültig und wird unter Trevelyans Händen fruchtbar. Aber um sie in ihrem vollen Wert einschätzen zu können, muß man verstehen, wie der Historiker verfährt. Denn wenn, wie Collingwood sagt, der Historiker im Geist das, was in den Gedanken seiner *dramatis personae* vor sich gegangen ist, wiederbeleben muß, so muß der Leser seinerseits das wiederbeleben, was im Geist des Historikers vor sich gegangen ist. Studiere den Historiker, ehe du anfängst, die Fakten zu studieren. Das ist eigentlich nicht sehr schwer einzusehen. Genau das macht ein intelligenter Student, dem nahegelegt wird, das Werk des großen Gelehrten Jones von St. Jude's zu lesen; er geht nach St. Jude's zu einem Freund und fragt ihn, was für ein Kerl dieser Jones ist und wo ihn der Schuh drückt. Wenn man ein Geschichtswerk liest, muß man immer auf dieses Drücken aufpassen. Kann man es nicht feststellen, so ist man entweder selber unempfindlich, oder aber der Historiker ist eine taube Nuß. Die Fakten gleichen nämlich in keiner Weise den Fischen auf des Händlers Tisch; viel eher sind sie Fische, die in einem großen und manchmal unzugänglichen Ozean herumschwimmen, und der Fischzug des Historikers hängt z. T. von seiner Geschicklichkeit ab, in der Hauptsache aber doch davon, welchen Teil des Ozeans er sich zum Fischen aussucht und welche Geräte ihm gutdünken — diese beiden Faktoren hängen natürlich ihrerseits wiederum davon ab, welche Art Fische er zu fangen wünscht. So nach und nach erwischt der Historiker die Art Fakten, hinter denen er her ist. Geschichte heißt Interpretation. Wenn ich nun Sir George Clark auf den Kopf stellte und Geschichte als „festen Interpretationskern inmitten des Fleisches zweifelhafter Fakten" bezeichnete, so wäre meine Aussage zweifellos einseitig und irreführend, aber, so möchte ich behaupten, nicht mehr als der ursprüngliche Ausspruch.

Der zweite Punkt ist uns vertrauter; es handelt sich darum, daß der Historiker fähig sein muß, sich die geistige Verfassung seiner Personen und die Gedanken, die hinter ihren Akten stehen, vorzustellen und sie zu begreifen: ich sage „vorstellen und begreifen" und nicht „sympathisch finden", da sympathisch finden allzu leicht eine Zustimmung einschließt. Das 19. Jahrhundert war schwach in mittelalterlicher Geschichte, da es vom Aberglauben dieser Epoche und der daraus erwachsenden Barbarei zu sehr abgestoßen wurde, um sich die mittelalterlichen Menschen vorstellen oder sie gar begreifen zu können. Man denke in diesem Zusammenhang an Burckhardts tadelnde Bemerkung über den Dreißigjährigen Krieg: „Erstens ist es skandalös, daß eine Konfession — gleichviel ob katholisch oder protestantisch — ihre Rettung höher stellt als die Integrität der Nation."[23] Für einen liberalen Historiker des 19. Jahrhunderts, der im Glauben erzogen worden war, töten sei recht und billig, wenn es um die Verteidigung des Vaterlands, jedoch schlecht und verderbt, wenn es um die eigene Religion gehe, war es auch außerordentlich schwierig, sich in die gedankliche Verfassung derjenigen zu versetzen, die im dreißigjährigen Krieg kämpften. Dieselbe Schwierigkeit macht sich besonders auf dem Gebiet, das ich gerade bearbeite, bemerkbar. Ein gut Teil aller Publikationen, die in den letzten zehn Jahren in den englischsprechenden Ländern über die Sowjetunion, und in der Sowjetunion über die englischsprechenden Länder erschienen, wurde durch einen ganz elementaren Mangel an Verständnis und Einfühlungsvermögen gegenüber der Denkweise der Gegenpartei dermaßen verzerrt, daß die Worte und Handlungen der andern immer bösartig, sinnlos oder heuchlerisch erschienen. Aber ein Historiker kann nur dann Geschichte schreiben, wenn er in der Lage ist, irgendwie mit den Gedanken derer, über die er schreibt, in Fühlung zu kommen.

Drittens können wir die Vergangenheit nur mit den Augen der Gegenwart sehen und sie somit auch nur von daher verstehen. Der Historiker gehört seiner eigenen Generation an, er ist durch die Bedingungen der menschlichen Existenz an sie gebunden. Sogar die Worte, die er verwendet, wie Demokratie, Empire, Krieg, Revolution, haben gängige Mitbedeutungen, die er nicht ausschalten kann. Frühere Historiker pflegten Worte wie *polis* und *plebs* im Original zu gebrauchen, nur um zu beweisen, daß sie nicht in diese Falle geraten seien. Aber das hilft nichts. Denn auch sie leben in ihrer Gegenwart und können sich nicht durch den Gebrauch unbekannter oder veralteter Worte in die Vergangenheit einschleichen, wie sie ja auch nicht dadurch, daß sie ihre Vorlesungen in einer Clamys oder in einer Toga abhalten, zu besseren Historikern für griechische oder römische Geschichte werden. Die Namen, mit denen eine Reihe aufeinanderfolgender französischer Historiker das Pariser Volk, das eine so hervorragende Rolle in der französischen Revolution gespielt hat, beschrieben — *les sans-culottes, le peuple, la canaille, les bras-nus* — sind alle wenigstens für diejenigen, die die Spielregeln kennen, Bekundungen einer politischen Haltung oder einer besondern Interpretation. Der Historiker ist also gezwungen zu wählen: der Gebrauch der Sprache verbietet ihm, unparteiisch zu sein. Aber es geht nicht nur um Worte. Im Verlauf der letzten hundert Jahre hat durch die Änderung im Gleichgewicht der Mächte Europas die Einstellung der britischen Historiker zu Friedrich dem Großen eine Umkehrung erfahren. Die Änderung der Machtverhältnisse, die sich innerhalb der christlichen Kirchen zwischen Katholizismus und Protestantismus vollzog, hat grundlegend ihre Einstellung zu Leuten wie Loyola, Luther und Cromwell beeinflußt. Es bedarf nur einer oberflächlichen Kenntnis der französischen Geschichtswerke der letzten 40 Jahre über die französische Revolution, um zu begreifen, wie sehr sie durch die russische Revolution von 1917 beeinflußt wurden. Der Historiker gehört nicht der Vergangenheit, sondern der Gegenwart an. Professor Trevor-Roper sagt, der Historiker „sollte die Vergangenheit lieben".[24] Das ist ein zweifelhaftes Gebot. Die Liebe zur Vergangenheit kann leicht Ausdruck der sehnsüchtigen Romantik alter Männer und alter Gesellschaften sein, ein Symptom dafür, daß Glaube und Interesse für die Gegenwart oder Zukunft verlorengegangen sind.[25] Klischee gegen Klischee; ich für meinen Teil würde es mit dem halten: „Befrei' dich von der toten Hand der Vergangenheit". Die Funktion des Historikers besteht weder darin, die Vergangenheit zu lieben, noch sich von ihr zu emanzipieren, sondern darin, sie als Schlüssel zum Verständnis der Gegenwart zu bewältigen und zu verstehen.

Nachdem wir nun einige der Erkenntnisse der, wie ich sie nennen möchte, Collingwood'schen Sicht der Geschichte kennengelernt haben, ist es an der Zeit, auch einige ihrer Gefahren in Betracht zu ziehen. Die Betonung der Rolle, die der Historiker beim Geschichtemachen spielt, führt, wenn man den Gedanken konsequent verfolgt, leicht zur Negierung der objektiven Geschichte: Geschichte ist, was der Historiker macht. Collingwood scheint auch einmal, wie aus einer unveröffentlichten Anmerkung, die sein Herausgeber zitiert, hervorgeht, zu dieser Folgerung gekommen zu sein:

„Der heilige Augustin betrachtete die Geschichte unter dem Blickwinkel der frühen Christen; Tillamont unter dem eines Franzosen aus dem 17. Jahrhundert; Gibbon unter dem eines Engländers aus dem 18. Jahrhundert; Mommsen unter dem eines Deutschen aus dem 19. Jahrhundert. Da hat die Frage, welches nun der richtige Blickwinkel war, keinen Sinn. Jedem war nur der seine möglich."[26]

Das führt zu totalem Skeptizismus, wie er aus Froudes Bemerkung, daß Geschichte „der Buchstabenkasten eines Kindes" sei, „mit dem wir jedes uns gefällige Wort schreiben können", spricht.[27] In seiner Reaktion gegen die „Scheren-und-Kleister-Geschichte", gegen die Auffassung der Geschichte als einer bloßen Anhäufung von Fakten, kommt Collingwood jener anderen Auffassung, Geschichte sei das Garn des menschlichen Gehirns, gefährlich nahe und führt somit zurück zu dem Schluß, auf den sich Sir George Clark in der von mir oben zitierten Stelle bezog, daß es „keine objektive historische Wahrheit gibt". Anstelle der Theorie, Geschichte habe keinen Sinn, bietet man uns hier also die Theorie einer Unzahl von Bedeutungen an, wobei aber keine zu mehr Recht besteht als die andere — was beides ja wohl auf dasselbe hinausläuft. Die zweite Theorie ist sicher ebenso unhaltbar wie die erste. Aus dem Umstand, daß ein Berg, je nachdem unter welchem Blickwinkel man ihn betrachtet, unter verschiedenen Formen erscheint, folgt nicht, daß er objektiv betrachtet entweder überhaupt keine Form oder aber eine Unzahl an Formen hat. Ebensowenig folgt aus dem Umstand, daß die Interpretation eine notwendige Rolle bei der Erstellung geschichtlicher Fakten spielt und keine vorhandene Interpretation völlig objektiv ist, daß eine Interpretation so gut wie die andere ist und die Fakten der Geschichte grundsätzlich nicht objektiv interpretiert werden können. Etwas später werde ich mich mit der Frage auseinandersetzen müssen, was denn eigentlich Objektivität in der Geschichte bedeutet.

Aber in Collingwoods Hypothese verbirgt sich eine noch größere Gefahr. Wird der Historiker nicht, wenn er eine Geschichtsperiode nur mit den Augen seiner Zeit sehen kann und die Probleme der Vergangenheit als einen Schlüssel zu den gegenwärtigen ansieht, die Fakten unter einem ausschließlich pragmatischen Gesichtspunkt betrachten und behaupten, das Kriterium einer richtigen Interpretation sei ihre Brauchbarkeit für einen bestimmten aktuellen Zweck? Für diese Hypothese bedeuten die geschichtlichen Fakten nichts, die Interpretation dagegen alles. Schon Nietzsche hatte den Grundgedanken formuliert: „Die Falschheit eines Urteils ist uns noch kein Einwand gegen ein Urteil ... Die Frage ist, wieweit es lebenfördernd, lebenerhaltend, arterhaltend, vielleicht artzüchtend ist."[28] Die amerikanischen Pragmatisten bewegten sich weniger eindeutig und mutig auf derselben Linie. Wissen ist Wissen zu einem bestimmten Zweck. Die Gültigkeit des Wissens hängt von der Gültigkeit des Zwecks ab. Aber auch dort, wo man sich zu keiner solchen Theorie bekannte, war die Praxis oft nicht weniger beunruhigend. Ich habe in meinem Fach schon zu viele Beispiele extravaganter Interpretation, die rücksichtslos über die Fakten wegging, erlebt, um nicht von der Wirklichkeit dieser Gefahr beeindruckt zu sein. Es ist nicht weiter erstaunlich, daß die Durchsicht einiger recht extremer Produkte der sowjetischen und antisowjetischen Schule der Geschichtsschreibung manchmal ein gewisses Heimweh nach jenem 19. Jahrhundert mit seinem illusorischen Hafen der reinen Tatsachengeschichte erweckt.

Wie also sollen wir in der Mitte des 20. Jahrhunderts die Verpflichtung des Historikers gegenüber seinen Fakten definieren? Ich glaube von mir sagen zu können, daß ich in den vergangenen Jahren genügend Zeit darauf verwandt habe, Dokumenten nachzujagen, sie durchzusehen und meine Geschichtserzählung ordentlich mit Fakten in den Fußnoten zu untermauern, um dem Vorwurf, Fakten und Dokumente zu kavaliersmäßig zu behandeln, zu entgehen. Die Pflicht des Historikers, die Fakten zu respektieren, erschöpft sich nicht mit der Verpflichtung, auf ihre Richtigkeit zu achten. Er muß außerdem versuchen, alle bereits bekannten oder noch erfahrbaren Fakten, die sich in irgendeiner Weise auf sein Thema oder auf die von ihm vorgeschlagene Interpretation beziehen, zusammenzutragen. Er darf, wenn er den Engländer der viktorianischen Zeit als ein moralisches und rationales Wesen beschreibt, nicht vergessen, was sich 1850 in Stalybridge Wakes zutrug. Aber das heißt nun nicht, daß er die Interpretation, das Herzblut der Geschichte, eliminieren kann. Manchmal werde ich von Laien — d.h. von nichtakademischen Freunden oder von Freunden aus einer anderen akademischen Disziplin — gefragt, wie der Historiker die Geschichtsschreibung angeht. Am weitesten verbreitet scheint die Annahme, daß der Historiker seine Arbeit in zwei deutlich unterscheidbare Phasen oder Perioden einteilt. Zuerst, in einer langen Vorbereitungszeit, liest er die Quellen und schreibt sich die Fakten heraus; wenn das geschafft ist, legt er die Quellen weg, zückt sein Notizbuch und schreibt sein Buch in einem Zug von vorn bis hinten. Diese Vorstellung überzeugt mich nicht, sie leuchtet mir auch nicht ein. Denn sobald ich für meinen Teil einige der Quellen, die ich für die bedeutsamsten erachte, zwischen den Fingern habe, wird der Juckreiz so stark, daß ich zu schreiben anfange — nicht unbedingt am Anfang, sondern einfach irgendwo. Danach geht es mit dem Lesen und Schreiben gleichzeitig weiter. Während ich lese, mache ich Anmerkungen, Einschränkungen, gruppiere um und streiche durch. Das Lesen wird durch das Schreiben dirigiert, korrigiert und fruchtbar gemacht: je mehr ich schreibe, desto genauer weiß ich, wonach ich suche und desto besser ermesse ich Bedeutung und Relevanz dessen, was ich finde. Manche Historiker mögen diese Vorbereitungen ohne Feder, Papier oder Schreibmaschine in ihrem Kopf treffen, wie manche Leute im Kopf Schach spielen, ohne Brett und Figuren: das sind Talente, die ich beneide, mit denen ich aber nicht wetteifern kann. Aber ich bin überzeugt, daß bei einem Historiker, der diesen Namen verdient, die beiden Prozesse, die ein Wirtschaftler „Zufuhr" und „Ertrag" nennen würde, Hand in Hand gehen und in Wirklichkeit nur Teile ein und desselben Prozesses sind. Versucht man sie auseinanderzureißen oder dem einen vor dem anderen den Vorrang zu geben, so verfällt man in eine der zwei Häresien. Entweder schreibt man dann Scheren-und-Kleister-Geschichte ohne Sinn und Bedeutung oder man schreibt Propaganda oder Geschichtsromane und benützt die Fakten der Vergangenheit nur, um irgendein Geschreibe, das nichts mit Geschichte zu tun hat, mit Stickerei zu verzieren.

Die Untersuchung der Beziehung des Historikers zu den historischen Fakten hat uns also offensichtlich in eine schwierige Lage gebracht; hüben die Scylla der unhaltbaren Theorie, Geschichte sei eine objektive Anhäufung von Fakten (wobei den Fakten der unumschränkte Primat über die Interpretation zuerkannt wird) und drüben die Charybdis der ebenso unhaltbaren Theorie, Geschichte sei das subjektive Produkt des Historikers, der die geschichtlichen Fakten aufstellt und durch den Prozeß der Interpretation beherrscht, also hüben eine Ansicht, die den Schwerpunkt der Geschichte in die Vergangenheit verlegt, und drüben eine Auffassung, die ihn in der Gegenwart sieht. Aber unsere Lage ist doch nicht so schwierig, wie es scheint. Wir werden auf dieselbe Dichotomie von Tatsache und Interpretation in diesen Vorlesungen noch einmal stoßen, nur in anderem Gewand, wenn wir von dem Besonderen und dem Allgemeinen, von Empirie und Theorie, Objektivität und Subjektivität handeln. Die mißliche Lage des Historikers spiegelt die Natur des Menschen. Der Mensch geht nicht, abgesehen vielleicht von seiner frühesten Kindheit und dem hohen Alter, restlos in seiner Umgebung auf, er ist ihr nicht bedingungslos unterworfen. Auf der anderen Seite aber ist er auch nicht gänzlich unabhängig von ihr, er ist nicht ihr unbedingter Herr. Die Beziehung des Menschen zu seiner Umgebung entspricht der Beziehung des Historikers zu seinem Thema. Der Historiker ist weder der demütige Sklave, noch der tyrannische Herr der Fakten. Die Beziehung zwischen dem Historiker und den Fakten liegt im Gleichgewicht von Geben und Nehmen. Jeder Historiker weiß, daß er bei der Arbeit, wenn er vom Inhalt seines Denkens und Schreibens absieht, in einem kontinuierlichen Prozeß die Fakten seiner Interpretation und seine Interpretation den Fakten anpaßt. Man kann nicht dem einen den Vorrang vor dem anderen einräumen.

Der Historiker beginnt mit einer vorläufigen Auswahl an Fakten und einer vorläufigen Interpretation, unter deren Einfluß diese Auswahl von ihm sowie auch von anderen getroffen wurde. Im Verlauf der Arbeit erfahren sowohl die Interpretation wie auch die Auswahl und Anordnung der Fakten durch gegenseitige Beeinflussung subtile und z. T. auch unbewußte Änderungen. Und diese gegenseitige Beeinflussung schließt auch eine Wechselwirkung zwischen Gegenwart und Vergangenheit ein, da der Historiker ja ein Teil der Gegenwart ist und die Fakten der Vergangenheit angehören. Der Historiker und die historischen Fakten brauchen einander. Der Historiker ist ohne die Fakten wurzellos und überflüssig; die Fakten sind ohne den Historiker tot und bedeutungslos. Meine erste Antwort auf die Frage, was ist Geschichte, lautet also, Geschichte ist ein fortwährender Prozeß der Wechselwirkung zwischen dem Historiker und seinen Fakten, ein unendlicher Dialog zwischen Gegenwart und Vergangenheit.

II

GESELLSCHAFT UND INDIVIDUUM

Die Frage, ob am Anfang die Gesellschaft oder das Individuum war, gleicht der Frage nach der Henne und dem Ei. Ob man sie nun unter einem logischen oder einem historischen Aspekt behandelt, man kann in keinem Fall etwas über sie aussagen, was nicht einer Richtigstellung durch das Gegenteil, d. h. durch eine ebenso einseitige Aussage, bedürfte. Gesellschaft und Individuum sind unauflöslich miteinander verbunden. Sie sind keine Gegensätze, sie brauchen und ergänzen einander. „Kein Mensch ist eine Insel, selbständig in sich," um mit Donnes berühmten Worten zu sprechen; „jedermann ist ein Stück des Kontinents, ein Teil des Festlandes".[29] Das ist die eine Seite der Wahrheit. Auf der anderen Seite steht der Ausspruch des klassischen Individualisten J. S. Mill: „Die Menschen werden nicht dadurch, daß sie zusammenkommen, zu einer anderen Art Substanz".[30] Natürlich nicht. Aber der Irrtum liegt in der Annahme, daß sie, ehe sie „zusammenkamen", existierten oder irgendeine Art Substanz hatten. Gleich nach unserer Geburt bemächtigt sich die Welt unser und macht uns aus bloß biologischen zu sozialen Einheiten. Zu jeder Zeit der Geschichte oder Vorgeschichte wird jeder Mensch in eine Gesellschaft hineingeboren und von frühester Jugend an von ihr geformt. Die Sprache, die er spricht, ist nicht individuelles Erbe, sondern soziales Phänomen. Er übernimmt sie von der Gruppe, in der er aufwächst. Sprache wie Umgebung bestimmen seine Denkart mit; seine frühesten Ideen empfängt er von anderen. Das Individuum ohne Gesellschaft hätte, wie sehr treffend gesagt wurde, weder Sprache noch Gedanken. Der Robinson Crusoe-Mythos verliert deshalb seine Faszination nicht, weil er versucht, die Vorstellung eines von der Gesellschaft unabhängigen Individuums zu entwerfen. Aber der Versuch bricht in sich selbst zusammen. Robinson ist kein abstraktes Individuum, sondern ein Engländer aus New York; er trägt seine Bibel bei sich und betet zum Gott seines Stammes. Der Mythus beeilt sich außerdem, ihm den Diener Freitag zuzugesellen, und schon beginnt der Aufbau einer neuen Gesellschaft. Hierher gehört auch Kirillow aus Dostojewskijs *Dämonen,* der sich selbst tötet, um seine vollständige Freiheit zu beweisen. Selbstmord ist der einzige wirklich freie Akt, der dem Individuum offensteht; in jedem anderen Akt erweist es sich auf die eine oder andere Weise als ein Mitglied der Gesellschaft.[31]

Die Anthropologen behaupten gerne, der Primitive sei weniger individuell als der Zivilisierte und in größerem Ausmaß von der Gesellschaft geprägt. Das stimmt auch bis zu einem gewissen Grad. Einfache Gesellschaften sind in dem Sinn einförmiger als zusammengesetzte und fortgeschrittene, als sie einen geringeren Bedarf an individueller Geschicklichkeit haben und somit die Vielzahl der Talente nicht beschäftigen können. So gesehen ist die zunehmende Individualisierung, die sich von unten nach oben durch alle Wirkungsbereiche erstreckt, ein notwendiges Produkt der modernen, fortgeschrittenen Gesellschaft. Es wäre aber ein bedenklicher Fehler, zwischen dem Prozeß der Individualisierung einerseits und der Machterweiterung und dem stärkeren Zusammenhalt der Gesellschaft andererseits einen Gegensatz zu sehen. Die Entwicklung der Gesellschaft und die Entwicklung des Einzelnen gehen Hand in Hand und bedingen einander. So meinen wir auch, wenn wir von einer zusammengesetzten und fortgeschrittenen Gesellschaft sprechen, eine Gesellschaft, in der die Abhängigkeit der Individuen voneinander fortgeschrittene und komplexe Formen angenommen hat. Es wäre gefährlich anzunehmen, die Macht einer modernen nationalen Gemeinschaft über Charakter und Denken ihrer einzelnen Mitglieder, ihre Kraft, ein gewisses Ausmaß an Konformität und Uniformität unter ihnen zu schaffen, sei auch nur im mindesten geringer als die einer primitiven Stammesgemeinschaft. Die alte Auffassung, der nationale Charakter sei durch biologische Besonderheiten bedingt, ist längst nicht mehr im Schwang; aber man kann kaum bestreiten, daß die Völker dank ihrer andersgearteten nationalen Hintergründen der Gesellschaft und Erziehung Unterschiede im nationalen Charakter aufweisen. Das schwer zu fassende Wesen der „menschlichen Natur" war von Land zu Land und von Jahrhundert zu Jahrhundert so unterschiedlich, daß es schwerfällt, es nicht als ein historisches Phänomen zu betrachten, das durch die vorherrschenden sozialen Umstände und Konventionen geprägt wurde. Es gibt z. B. große Unterschiede zwischen den Amerikanern, Russen und Indern. Sie unterscheiden sich vielleicht in erster Linie dadurch, daß jeder seine besondere Vorstellung von den sozialen zwischenmenschlichen Beziehungen hat, mit anderen Worten, seine eigene Vorstellung darüber, wie sich die Gesellschaft zusammensetzen sollte; somit könnte sich wohl eine Untersuchung der Unterschiede zwischen der amerikanischen, russischen oder indischen Gesellschaft als Gesamtheit als die beste Möglichkeit erweisen, den Amerikaner, den Russen oder Inder in seiner Eigenart zu verstehen. Der zivilisierte wie der primitive Mensch ist von der Gesellschaft ebenso wirksam geformt wie die Gesellschaft von ihm. Das Ei läßt sich ebensowenig ohne die Henne denken wie die Henne ohne das Ei.

Es wäre nicht nötig gewesen, auf diese handgreiflichen Wahrheiten hinzuweisen, wären sie nicht von der bemerkenswerten und ungewöhnlichen geschichtlichen Periode, aus der die westliche Welt erst jetzt auftaucht, verdunkelt worden. Der Kult des Individuums gehört zu den überzeugendsten historischen Mythen der Neuzeit. Dieser Kult begann nach Burckhardts bekanntem Werk *Die Kultur der Renaissance in Italien,* dessen zweiter Teil den Untertitel „Die Entwicklung des Individuums" führt, mit der Renaissance, als der Mensch, der „sich bis dahin nur als ein Mitglied seiner Rasse, seines Volkes, seiner Partei, Familie oder Zunft bewußt war", schließlich „ein geistiges Individuum wurde und sich als solches erkannte." Später verband sich dieser Kult mit dem Aufschwung des Kapitalismus und Protestantismus, mit den Anfängen der industriellen Revolution und der Doktrin des *laissez-faire.* Die Menschen- und Bürgerrechte, die die französische Revolution verkündete, waren die Rechte des Individuums. Die bedeutende philosophische Strömung des Utilitarismus im 19. Jahrhundert hatte ihre Wurzeln im Individualismus. In seinem Essay *On Compromise,* einem charakteristischen Dokument des viktorianischen Liberalismus, nennt Morley den Individualismus und den Utilitarismus „die Religion des menschlichen Glücks und Wohlergehens". „Handfester Individualismus" war der Grundton des menschlichen Fortschritts. Das mag eine durchaus vernünftige und gültige Analyse der Ideologie einer bestimmten geschichtlichen Epoche sein. Ich möchte aber klarlegen, daß die gesteigerte Individualisierung, die den Aufstieg der modernen Welt begleitete, ein normaler Prozeß im Verlauf der Zivilisation war. Eine soziale Revolution ließ neue soziale Gruppen in Machtstellungen gelangen. Sie wurde, wie das gewöhnlich der Fall zu sein pflegt, durch Individuen getragen und dadurch, daß sie der individuellen Entwicklung neue Möglichkeiten bot; und da in der Frühzeit des Kapitalismus die Produktions- und Verteilerzentren zum großen Teil in den Händen der einzelnen Individuen lagen, legte die Ideologie der neuen sozialen Ordnung starken Nachdruck auf die Rolle der individuellen Initiative innerhalb der sozialen Ordnung. Das ganze war ein sozialer Prozeß, der eine spezifische Stufe in der historischen Entwicklung darstellt; er läßt sich nicht mit Begriffen wie „Auflehnung des Individuums gegen die Gesellschaft" oder „Emanzipation des Individuums von sozialer Beengung" erklären. Viele Anzeichen lassen vermuten, daß auch in der westlichen Welt, die Brennpunkt dieser Entwicklung und Ideologie war, diese Geschichtsperiode zu Ende gegangen ist: ich brauche in diesem Zusammenhang wohl nicht auf den Aufstieg der sogenannten Massendemokratie hinzuweisen oder auch auf die schrittweise Verdrängung vorwiegend individueller Formen wirtschaftlicher Produktion und Organisation durch vorwiegend kollektive. Aber die Ideologie, die in dieser langen und fruchtbaren Periode entstand, ist in Westeuropa und den englischsprechenden Ländern noch immer eine dominierende Macht. Wenn wir in abstrakten Begriffen von der Spannung zwischen Freiheit und Gleichheit oder zwischen individueller Freiheit und sozialer Gerechtigkeit sprechen, laufen wir Gefahr zu vergessen, daß die Kämpfe nicht zwischen abstrakten Ideen ausgetragen werden. Es handelt sich nicht um Kämpfe zwischen Individuen als solchen und der Gesellschaft als solcher, sondern zwischen den einzelnen Gruppen von Individuen in der Gesellschaft, wobei jede Gruppe darauf ausgeht, die ihr günstige Sozialpolitik zu fördern und die ihr ungünstige zu vereiteln. Heute ist Individualismus zum Slogan einer Interessengruppe geworden; das Wort bezeichnet nun aber nicht mehr eine große soziale Bewegung, sondern einen in Wirklichkeit gar nicht vorhandenen Gegensatz zwischen Individuum und Gesellschaft; und diese recht fragwürdige Definition hat uns das Verständnis für das, was in der Welt vor sich geht, verbaut. Ich habe nichts gegen den Kult des Individualismus, wo er einen Protest gegen die Perversion bedeutet, die das Individuum als Mittel und Gesellschaft oder Staat als Zweck behandelt. Aber solange wir versuchen, die Konzeption des abstrakten Individuums, das außerhalb der Gesellschaft steht, beizubehalten, werden wir weder die Vergangenheit noch die Gegenwart wirklich verstehen können.

Damit komme ich endlich zum Kernpunkt meiner langen Abschweifung. Der common-sense hält Geschichte für etwas, was von Individuen über Individuen geschrieben wurde. Diese Ansicht wurde von den liberalen Historikern des 19. Jahrhunderts vertreten und gefördert; im Kern ist sie auch nicht falsch. Aber sie erscheint uns heute zu sehr vereinfacht, nicht mehr angemessen, wir müssen tiefer schürfen. Das Wissen des Historikers ist nicht sein ausschließlich individueller Besitz: vermutlich haben viele Generationen und viele Länder ihren Anteil an seiner Anhäufung. Die Männer, mit deren Handlungen sich der Historiker befaßt, waren keine isolierten Individuen, die in einem Vakuum handelten: sie handelten im Zusammenhang einer vergangenen Gesellschaft, sozusagen unter ihrem Impuls. In meiner letzten Vorlesung bezeichnete ich Geschichte als einen Prozeß der Wechselwirkung, als einen Dialog zwischen dem Historiker der Gegenwart und den Fakten der Vergangenheit. Jetzt möchte ich das relative Gewicht der individuellen und sozialen Elemente auf beiden Seiten der Gleichung untersuchen. Inwieweit sind Historiker unabhängige Individuen und inwieweit sind sie Produkte ihrer Gesellschaft und ihrer Zeit? Inwieweit betreffen die historischen Fakten einzelne Individuen und inwieweit sind sie soziale Fakten?

Der Historiker ist also ein individuelles menschliches Wesen. Er ist aber, wie andere Individuen auch, zugleich ein soziales Phänomen, d. h. sowohl das Produkt wie auch das bewußte oder unbewußte Sprachrohr seiner Gesellschaft; und in dieser Eigenschaft tritt er an die Fakten der historischen Vergangenheit heran. Wir nennen den Lauf der Geschichte manchmal einen „Prozessionszug". Das Bild ist nicht schlecht, vorausgesetzt, daß es den Historiker nicht in Versuchung führt, sich für einen Adler, der von einsamer Felsenspitze aus die Szene überwacht, oder für eine Hauptfigur an der Empfangsstation zu halten. Nichts dergleichen! Der Historiker ist auch nur eine dunkle Figur, die irgendwo, an irgendeiner Stelle, in der Prozession mitmarschiert. Und wie sich die Prozession entlangschlängelt, bald nach rechts ausbiegt, bald nach links, sich manchmal auch rückwärts wendet, so wechseln die verschiedenen Teile der Prozession ständig ihre Stellung zueinander, so daß man mit vollem Recht sagen kann, daß z. B wir heute dem Mittelalter näherstehen als unsere Urgroßväter vor einem Jahrhundert, oder daß uns das Zeitalter Caesars nähersteht als das Dantes. So wie sich die Prozession und der Historiker mit ihr fortbewegt, tun sich ständig neue Ausblicke, neue Blickwinkel auf. Der Historiker ist Teil der Geschichte, und der Punkt, den er selber in der Prozession einnimmt, bestimmt den Blickwinkel, unter dem er die Vergangenheit sieht.

Dieser Gemeinplatz stimmt auch dann, wenn die Periode, die der Historiker behandelt, seiner eigenen Zeit fernliegt. Als ich alte Geschichte studierte, galten — möglicherweise ist es noch heute so — Grote mit seiner *Geschichte Griechenlands* und Mommsen mit seiner *Römischen Geschichte* als Klassiker auf diesem Gebiet. Grote, ein aufgeklärter radikaler Bankier, der um 1840 schrieb, verkörperte die Aspirationen des aufsteigenden und politisch fortschrittlichen britischen Mittelstands in einem idealisierten Bild der Demokratie Athens, in dem Perikles als Neuerer nach Art Benthams figurierte und Athen in einem Anfall von Geistesabwesenheit zu einem Weltreich kam. Die Annahme, daß Grote das Problem der Sklaverei in Athen vernachlässigte, weil die Gruppe, zu der er gehörte, angesichts des Problems der neuen britischen Fabrikarbeiterklasse versagt hatte, mag gar nicht so phantastisch sein. Mommsen war ein deutscher Liberaler, den die Wirren und Demütigungen der deutschen Revolution von 1848/49 ernüchtert hatten. Er schrieb um 1850, in dem Jahrzehnt, in dem Name und Konzeption der *Realpolitik* entstanden; er war von der Überzeugung durchdrungen, daß ein starker Mann nötig sei, um mit den Wirren aufzuräumen, die der mißglückte Versuch des deutschen Volkes, seine politischen Aspirationen zu verwirklichen, nach sich gezogen hatte. Wir können sein Geschichtswerk nur dann in vollem Umfang würdigen, wenn wir begreifen, daß er Caesar deshalb in der bekannten

Weise idealisiert, weil er auf den starken Mann hoffte, der Deutschland vor dem Untergang retten sollte, und daß sich im Bild, das er vom Justizpolitiker Cicero entwirft, den er als hohlen Schwätzer und unzuverlässigen Zauderer hinstellt, unmittelbar die Debatten des Jahres 48 in der Frankfurter Paulskirche spiegeln. Die Behauptung, Grotes *Geschichte Griechenlands* gebe uns ebensogut über die Gedanken eines englischen Radikalen philosophischer Prägung aus den vierziger Jahren des 19. Jahrhunderts Aufschluß wie über die Demokratie Athens im V. Jahrhundert v. Chr., oder jeder der wissen wolle, was 1848 für die deutschen Liberalen bedeutet habe, solle sich u. a. Mommsens *Römische Geschichte* als Lehrbuch vornehmen, erschiene mir wirklich nicht allzu paradox. Dadurch wird ihr Format als große historische Werke nicht beeinträchtigt. Ich kann mich mit der Mode, die Bury in seiner Antrittsvorlesung einführte, nicht einverstanden erklären, nach der Mommsens Größe angeblich nicht in seiner *Römischen Geschichte,* sondern in seinen römischen Inschriften und seinem Werk über die römische Staatsverfassung liegen soll: das hieße Geschichtsschreibung auf Sammeln und Anhäufen reduzieren. Geschichtsschreibung ist jedoch gerade dann groß zu nennen, wenn des Historikers Sicht der Vergangenheit durch Einsicht in die Probleme der Gegenwart erleuchtet ist. Oft hat man seinem Erstaunen darüber Ausdruck gegeben, daß es Mommsen unterließ, seine Geschichte über den Fall der Republik hinaus fortzuführen. Es mangelte ihm weder an Zeit, noch an Gelegenheit, noch an Kenntnissen. Aber als Mommsen seine Geschichte schrieb, fehlte Deutschland eben noch immer der starke Mann. Die Frage, was geschehen würde, wenn der starke Mann das Steuer übernommen haben würde, war zur Zeit seiner Wirksamkeit als Historiker nicht aktuell. Mommsen fehlte also die Anregung, dieses Problem in die römische Zeit zurückzuverlegen; und so blieb die Geschichte des Kaiserreichs ungeschrieben.

Es wäre ein leichtes, noch andere moderne Historiker als Beispiele für dieses Phänomen anzuführen. In meiner letzten Vorlesung zollte ich Trevelyans *England under Queen Anne* meinen Tribut; ich nannte es ein Monument, das er der Whigtradition, in der er erzogen worden war, errichtete. Wir wollen nun die eindrucksvolle und bedeutsame Leistung eines Mannes betrachten, den wohl die meisten unter uns für den größten britischen Historiker halten werden, der nach dem ersten Weltkrieg auf der akademischen Bildfläche erschien: Sir Lewis Namier. Namier war ein echter Konservativer — nicht einer von den typisch englischen, die sich, wenn man sie ankratzt, als 75prozentige Liberale herausstellen, sondern ein Konservativer, wie wir ihn unter den britischen Historikern seit mehr als 100 Jahren nicht mehr erlebt haben. Von der Mitte des vergangenen Jahrhunderts bis 1914 war es einem britischen Historiker kaum möglich, sich unter einem geschichtlichen Wandel etwas anderes vorzustellen als eine Wendung zum Besseren. Mit den zwanziger Jahren des 20. Jahrhunderts traten wir in eine Periode ein, in der man Angst vor der Zukunft mit einem Umschwung zu verbinden begann, in der man sich also einen Wandel auch als Wendung zum Schlechteren vorstellen konnte; das war eine Periode der Wiedergeburt konservativen Denkens. Namiers Konservativismus erwuchs, ganz ähnlich wie Actons Liberalismus, aus einem kontinentalen Hintergrund und empfing von daher Kraft und Tiefe[32]. Im Gegensatz zu Fisher oder Toynbee war Namier nicht im Liberalismus des 19. Jahrhunderts verwurzelt und auch nicht von wehmütigem Heimweh nach ihm geplagt. Nachdem der erste Weltkrieg mit seinem unfruchtbaren Frieden den Bankrott des Liberalismus geoffenbart hatte, konnte die Reaktion nur heißen: Sozialismus oder Konservativismus. Namier trat als der konservative Historiker auf. Er suchte sich zwei Arbeitsgebiete aus, deren Wahl bedeutsam ist. Innerhalb der englischen Geschichte griff er auf die Zeit zurück, in der sich die herrschende Klasse ein letztes Mal auf vernunftgemäßes Streben nach Stellung und Macht im Rahmen einer geordneten und vorwiegend statischen Gesellschaft hatte einlassen können. Irgend jemand hat Namier den Vorwurf gemacht, er habe die Geschichte ihres Sinnes beraubt[33]. Diese Formulierung ist vielleicht nicht gerade besonders glücklich gewählt, aber man sieht immerhin, worauf die Kritik hinauswollte. Als Georg III. an die Regierung kam, war die Politik noch immun gegen den Fanatismus der Ideen und den leidenschaftlichen Fortschrittsglauben, der erst mit der französischen Revolution über die Welt hereinbrechen und das Jahrhundert des triumphierenden Liberalismus einleiten sollte. Namier ging es nicht um Ideen, Revolution, Liberalismus: er zog es vor, uns ein brillantes Bild von einer Zeit zu entwerfen, die, wenn auch nur noch für eine kurze Spanne, vor all diesen Gefahren sicher war.

Nicht weniger bezeichnend ist die Wahl seines zweiten Themas. Namier überging die großen modernen Revolutionen in England, Frankreich und Rußland — über keine schrieb er etwas Bedeutsames; statt dessen lieferte er uns eine tiefschürfende Untersuchung über die europäische Revolution von 1848 — eine Revolution, die scheiterte und dadurch in ganz Europa einen Rückschlag für die emporkeimenden Hoffnungen des Liberalismus bedeutete, die die Hohlheit der Ideen angesichts der Waffengewalt, die Machtlosigkeit der Demokraten angesichts der Soldaten erwies. Jede Einmischung der Ideen in das ernsthafte Geschäft der Politik ist unnütz und gefährlich: Namier erhob den Fall zur moralischen Lektion, indem er den demütigenden Mißerfolg „die Revolution der Intellektuellen" nannte. Aber wir sind bei diesem Schluß nicht nur auf unsere eigenen Folgerungen angewiesen; zwar befaßte sich Namier nicht systematisch mit Geschichtsphilosophie, doch brachte er mit der ihm eigenen Klarheit und Schärfe seine Ansichten in einem Essay, der vor einigen Jahren erschien, zum Ausdruck. „Je weniger also der Mensch das freie Spiel seines Geistes mit politischen Doktrinen und Dogmen belastet", so schrieb er, „desto besser ist es für sein Denken." Er erwähnt den Vorwurf, er habe die Geschichte ihres Sinnes beraubt, ohne ihn zu entkräften, und fährt dann fort:

„Einige politisch orientierte Philosophen beklagen sich über eine ‚flaue Windstille' und vermissen gegenwärtig hierzulande die Auseinandersetzung mit der wissenschaftlichen Politik; man sucht nach der praktischen Lösung konkreter Probleme, und darüber vergessen beide Parteien Programme und Ideale. Mir dagegen scheint das ein Zeichen größerer nationaler Reife zu sein, und ich möchte nur wünschen, daß diese Linie lange und ohne störende Einmischungen von seiten der Staatsphilosophie fortgesetzt werden möge." [34]

Im Augenblick will ich mich noch nicht mit dieser Ansicht auseinandersetzen; das soll einer späteren Vorlesung vorbehalten bleiben. Zunächst soll sie mir nur zur Illustration zweier bedeutender Wahrheiten dienen: erstens, daß man das Werk eines Historikers erst dann voll verstehen oder würdigen kann, wenn man seinen Ausgangspunkt erfaßt hat; zweitens, daß dieser Standpunkt selber in einem sozialen und historischen Hintergrund verwurzelt ist. Man vergesse nicht, daß, wie Marx einmal sagte, der Erzieher selbst erzogen werden muß. Modern ausgedrückt heißt das: Auch das Gehirn des Gehirnwäschers ist gewaschen worden. Der Historiker ist, schon ehe er Geschichte zu schreiben beginnt, ein Produkt der Geschichte. Die Historiker, von denen gerade die Rede war, nämlich Grote und Mommsen, Trevelyan und Namier, trugen sozusagen den Stempel einer einzigen sozialen und politischen Form; ihre Ansichten haben sich im Verlauf ihres Werkes nicht wesentlich geändert. Einige andere Historiker dagegen, die in Zeiten rascherer Wandlungen gelebt haben, spiegeln in ihren Schriften nicht eine einzige Gesellschaft und eine einzige gesellschaftliche Ordnung, sondern eine Aufeinanderfolge verschiedener gesellschaftlicher Ordnungen. Dafür bietet das beste mir bekannte Beispiel der große deutsche Historiker Meinecke, dessen Leben und Werk eine ungewöhnlich lange Zeitspanne und eine Reihe von revolutionären und katastrophalen Wechseln im Geschick seines Landes umfaßte. So gibt es drei verschiedene Meinecke, von denen jeder das Sprachrohr einer anderen geschichtlichen Epoche ist; jeder spricht aus einem der drei Hauptwerke. Der Meinecke, dem wir in dem 1907 erschienenen Werk *Weltbürgertum und Nationalstaat* begegnen, sieht vertrauensvoll im Reich unter Bismarck die Verwirklichung der deutschen nationalen Ideale und identifiziert — wie viele Denker des 19. Jahrhunderts seit Mazzini — den Nationalismus mit der höchsten Form des Universalismus: das ist das Produkt der grotesken wilhelminischen Ära, die auf die Zeit unter Bismarck folgte. Aus dem 1925 erschienenen Werk *Die Idee der Staatsräson* spricht der zerrissene und verwirrte Geist der Weimarer Republik: die Welt der Politik ist zu einer Arena des ungelösten Konflikts zwischen der Staatsräson und einer außerhalb der Politik liegenden Moralität geworden, die sich aber letzten Endes nicht über Leben und Sicherheit des Staates hinwegsetzen kann. In der *Entstehung des Historismus* schließlich, 1936 erschienen, stößt Meinecke, als ihn die braune Flut seiner akademischen Ehren beraubt hatte, einen Schrei der Verzweiflung aus und weist einen Historismus, der das Bestehende, wie es auch immer sein mag, als das Richtige anzuerkennen scheint, zurück; zwiespältig schwankt er zwischen dem historisch Relativen und einem irrationalen Absoluten. Und am Ende seines Schaffens überließ sich der alte Meinecke, der sein Vaterland in einer militärischen Niederlage, die noch vernichtender war als die von 1918, hatte unterliegen sehen, in seinem 1946 erschienenen Werk *Die deutsche Katastrophe* hoffnungslos dem Glauben, daß die Geschichte dem blinden, unerbittlichen Zufall ausgeliefert sei[35]. Der Psychologe oder Biograph würde sich in diesem Fall für die Entwicklung Meineckes als Individuum interessieren; den Historiker dagegen interessiert die Art und Weise, wie Meinecke drei — oder sogar vier — aufeinanderfolgende, sich scharf voneinander abhebende Zeitabschnitte der Gegenwart in die historische Vergangenheit einfließen läßt.

Oder nehmen wir ein namhaftes Beispiel aus unserer näheren Umgebung. In den bilderstürmenden dreißiger Jahren des 20. Jahrhunderts, als die liberale Partei gerade als wirksame Macht aus der britischen Politik ausgeschaltet worden war, schrieb Professor Butterfield ein Buch mit dem Titel *The Whig Interpretation of History*, das sich verdientermaßen großen Erfolgs erfreute. Das Buch war in mancher Hinsicht bemerkenswert — nicht zuletzt, weil es, obwohl es über gut 130 Seiten die Whiginterpretation herunterreißt, dessenungeachtet — so weit ich das ohne Personenverzeichnis sehen kann — mit Ausnahme von Fox keinen einzigen Whig anführt, der nicht Historiker gewesen wäre oder, abgesehen von Acton, keinen einzigen Historiker, der nicht in die Whigtradition gehörte[36]. Aber alles, was dem Buch an Ausführlichkeit und Genauigkeit fehlt, wird durch sprühende Schmähreden ausgeglichen. Dem Leser wird keinerlei Zweifel an der Unhaltbarkeit der Whiginterpretation belassen; einer der Vorwürfe, die gegen sie erhoben werden, ist der, daß „sie die Vergangenheit im Hinblick auf die Gegenwart betrachtet". Da versteht Professor Butterfield keinen Spaß, da wird er kategorisch:

„Die Betrachtungsweise, die die Vergangenheit sozusagen mit einem Seitenblick auf die Gegenwart ins Auge faßt, ist die Quelle aller Sünden und Sophistereien in der Geschichte ... Sie ist ihrem innersten Wesen nach unhistorisch."[37]

Zwölf Jahre verstrichen. Die Bilderstürmerei kam außer Mode. Herbert Butterfields Vaterland stand unter der Führung eines großen Mannes, der die Vergangenheit „sozusagen mit einem Seitenblick auf die Gegenwart" einbezog, in einem Krieg, von dem es oft hieß, er würde zur Verteidigung der verfassungsmäßigen Freiheiten, wie sie in der Whigtradition verkörpert sind, geführt. In einem dünnen Buch mit dem Titel *The Englishman and his History,* das 1944 erschien, entschied Professor Butterfield nicht nur, daß die Whiginterpretation der Geschichte die „eigentlich englische" Interpretation sei, sondern sprach auch voller Enthusiasmus von „des Engländers Bund mit seiner Geschichte" und von der „Ehe zwischen Vergangenheit und Gegenwart"[38]. Wenn ich auf diesen Gesinnungswandel hinweise, so soll das keine unfreundliche Kritik bedeuten. Es ist nicht meine Absicht, Butterfield 1 durch Butterfield 2 zu widerlegen oder einen betrunkenen Professor Butterfield gegen einen nüchternen auszuspielen. Ich weiß sehr wohl, daß man, falls man sich nur die Mühe machen wollte, einige meiner Schriften aus der Zeit vor, während und nach dem Krieg durchzugehen, keinerlei Schwierigkeiten hätte, mich ähnlich schlagender Widersprüche und unhaltbarer Behauptungen, wie ich sie bei anderen entdeckt habe, zu überführen. Ich könnte auch nicht sagen, daß ich den Historiker beneiden würde, der aufrichtig von sich behaupten könnte, er habe die welterschütternden Begebnisse der letzten fünfzig Jahre ohne irgendeine radikale Wandlung seiner Ansichten durchlebt. Ich will lediglich aufzeigen, wie getreu das Werk des Historikers die Gesellschaft spiegelt, in der er lebt. Nicht nur die Ereignisse sind im Fluß begriffen. Auch der Historiker wandelt sich. Nimmt man ein historisches Werk zur Hand, so genügt es nicht, auf der Titelseite nach dem Namen des Autors zu suchen; man muß auch auf den Zeitpunkt der Veröffentlichung oder Abfassung achten; manchmal ist das sogar noch aufschlußreicher. Falls der Philosoph damit recht hat, daß wir nicht zweimal in denselben Fluß steigen können, so ist es vielleicht — und zwar aus demselben Grund — ebenso wahr, daß zwei Bücher nicht von ein und demselben Historiker stammen können. Wenden wir unsere Aufmerksamkeit einen Moment lang vom einzelnen Historiker ab und richten sie auf das, was man als die breiten Strömungen in der Geschichtsschreibung bezeichnen könnte, so wird nur um so deutlicher, in welchem Ausmaß der Historiker das Produkt seiner Gesellschaft ist. Im 19. Jahrhundert betrachteten die britischen Historiker fast ausnahmslos den Lauf der Geschichte als Beweis für das Prinzip des Fortschritts: sie brachten damit die Ideologie einer Gesellschaft zum Ausdruck, die bemerkenswert schnelle Fortschritte machte. Die Geschichte war für die britischen Historiker so lange sinnvoll, als sie den britischen Angelegenheiten günstig schien; nun, nachdem sie eine für uns ungünstige Wendung genommen hat, ist der Glaube an ihren Sinn zur Häresie geworden. Nach dem ersten Weltkrieg machte Toynbee einen verzweifelten Versuch, die lineare Geschichtsbetrachtung durch eine zyklische Theorie zu ersetzen — eine Ideologie, die für verfallende Gesellschaften charakteristisch ist [39]. Seit Toynbees Mißerfolg begnügten sich die englischen Historiker zum größten Teil damit, den Kampf aufzugeben und zu erklären, daß es in der Geschichte überhaupt kein allgemeines Prinzip gebe. Eine banale Bemerkung Fishers dieses Inhalts [40] ist zu beinahe ebenso großer Popularität gelangt wie Rankes Aphorismus im vergangenen Jahrhundert. Ich will natürlich nicht daran zweifeln, daß die englischen Historiker der letzten 30 Jahre diesen Gesinnungswandel nach tiefschürfender persönlicher Überlegung, sozusagen erleuchtet von den mitternächtlichen Öllampen in ihren Dachstuben, vollzogen. Ich werde aber trotzdem auch weiterhin all dieses individuelle Denken und Ölverbrennen für ein soziales Phänomen ansehen, für das Produkt und den Ausdruck eines fundamentalen Wandels in der Lebens- und Denkweise unserer Gesellschaft seit 1914. Es gibt keinen besseren Schlüssel zum Charakter einer Gesellschaft als die Art Geschichte, die sie schreibt oder eben nicht schreibt. Der holländische Historiker Geyl zeigt in seiner faszinierenden Monographie über Napoleon, wie sich die wechselnden und einander widerstreitenden Formen des politischen Lebens und Denkens im Frankreich des 19. Jahrhunderts in den Urteilen über Napoleon spiegeln. Das Denken der Historiker ist, wie das anderer Sterblicher auch, durch die Kategorien von Zeit und Raum geprägt. Acton, der sich dieser Wahrheit in vollem Umfang bewußt war, sucht den Ausweg in der Geschichte selbst:

„Geschichte (so schrieb er) soll uns von dem ungebührlichen Einfluß nicht nur anderer Zeiten, sondern auch unserer eigenen Zeit von der Tyrannei unserer Umgebung und dem Druck der Luft, die wir einatmen, befreien." [41]

Vielen mag es so vorkommen, als werde die Rolle der Geschichte damit zu optimistisch gesehen. Ich möchte aber doch die Behauptung wagen, daß der Historiker, der sich seiner eigenen Situation aufs deutlichste bewußt ist, viel eher über sie hinausgelangt und so die Wesensunterschiede zwischen seiner eigenen gesellschaftlichen Umwelt und Sicht und der anderer Zeiten und Länder viel deutlicher erkennt als sein Kollege, der mit Stentorstimme von sich behauptet, er sei Individuum und nicht soziales Phänomen. Die Fähigkeit des Menschen, sich über seine soziale und geschichtliche Situation zu erheben, scheint von seiner Feinfühligkeit, die ihm sagt, bis zu welchem Ausmaß er ihr verhaftet ist, abzuhängen.

In meiner ersten Vorlesung sagte ich: Wenden Sie sich zuerst dem Historiker, dann erst der Geschichte zu. Jetzt möchte ich hinzufügen: Beachten Sie, ehe Sie sich dem Historiker zuwenden, sein geschichtliches und soziales Umfeld. Der Historiker ist Individuum und somit auch Produkt der Geschichte und der Gesellschaft; und wer Geschichte studieren will, muß lernen, ihn in dieser zweifachen Beleuchtung zu sehen.

Wir wollen uns jetzt vom Historiker abwenden und die andere Seite der Gleichung — die geschichtlichen Fakten — im Licht derselben Fragestellung betrachten. Was ist Gegenstand der Geschichtsforschung: das Verhalten der Einzelpersonen oder das Wirken der sozialen Kräfte? Mit dieser Frage begebe ich mich auf ausgetretene Pfade. Sir Isaiah Berlin setzte seinem sprühenden und populären Essay, der vor ein paar Jahren unter dem Titel *Historical Inevitability* veröffentlicht wurde — ich werde in einer späteren Vorlesung auf sein Hauptthema eingehen — ein Motto aus T. S. Eliots Werken voran: „Große unpersönliche Mächte"; in diesem Essay macht er sich allenthalben über die Leute lustig, die eher in den „großen unpersönlichen Mächten" als in den Individuen den entscheidenden Faktor in der Geschichte sehen. Die Auffassung, daß in der Geschichte nur Charakter und Verhalten der einzelnen zählen — ich möchte sie als die König-Johann-der-Böse-Theorie bezeichnen — hat einen langen Stammbaum. Der Wunsch, den individuellen Genius als die schöpferische Macht in der Geschichte hinzustellen, ist bezeichnend für die primitiven Stadien des geschichtlichen Bewußtseins. Die alten Griechen versahen die Errungenschaften der Vergangenheit gerne mit den Namen eponymer Helden, die angeblich für sie verantwortlich waren und schoben ihre Epen einem Barden namens Homer und ihre Gesetze und Einrichtungen einem Lykurg oder einem Solon in die Schuhe. Dieselbe Neigung taucht in der Renaissance wieder auf, für die der Biograph und Moralist Plutarch z. B. bei der Wiederbelebung der Antike eine viel populärere und einflußreichere Rolle spielt als die antiken Historiker selber. Gerade wir Engländer sogen diese Theorie gewissermaßen schon mit der Muttermilch ein; es wäre jetzt aber eigentlich an der Zeit zu erkennen, daß sie etwas Kindisches oder doch zumindest Kindliches an sich hat. Sie mag einigermaßen einleuchtend gewesen sein, solange die Gesellschaft einfacher war und die öffentlichen Angelegenheiten anscheinend von einer Handvoll bekannter Einzelpersonen geleitet wurden. Der vielschichtigeren Gesellschaft unserer Zeit ist sie jedoch offensichtlich nicht mehr angemessen; und als Antwort auf diese wachsende Vielschichtigkeit entstand im 19. Jahrhundert als neue Wissenschaft die Soziologie. Aber eine alte Tradition stirbt nicht so leicht aus. Zu Beginn unseres Jahrhunderts genoß der Ausspruch, „Geschichte ist die Biographie großer Männer" immer noch ein gewisses Ansehen. Noch vor zehn Jahren warf ein namhafter amerikanischer Historiker seinen Kollegen vielleicht mehr im Scherz vor, daß sie „historische Persönlichkeiten in Massen hinmordeten" indem sie sie als „Strohmänner sozialer und wirtschaftlicher Mächte"[42] behandelten. Im Moment geben sich die Anhänger dieser Theorie schüchterner; aber nach einigem Suchen gelang es mir doch, in der Einführung zu einem von C. V. Wedgwoods Büchern ein ausgezeichnetes zeitgenössisches Beispiel dafür zu finden. Sie schreibt:

„Für mich ist das Verhalten der Menschen als Individuen interessanter als ihr Verhalten in Gruppen oder Klassen. Man kann ebensogut mit diesem wie mit irgendeinem anderen Vorurteil Geschichte schreiben; es ist nicht mehr und nicht weniger irreführend als andere ... Dieses Buch ... macht den Versuch, zu verstehen, wie jene Männer fühlten und warum sie ihrer eigenen Meinung nach so handelten wie sie handelten."[43]

Diese Darlegung ist präzis; und da C. V. Wedgwood eine beliebte Schriftstellerin ist, bin ich sicher, daß viele Leute ihre Meinung teilen. A. L. Rowse erzählt uns z. B., daß das elisabethanische System zusammenbrach, weil Jakob I. unfähig war, es zu begreifen, daß also die englische Revolution im 17. Jahrhundert ein „Zufall" war, der sein Zustandekommen der Borniertheit der ersten beiden Stuartkönige verdankte [44]. Auch Sir James Neale, einem strengeren Historiker als Dr. Rowse, scheint zuweilen mehr daran zu liegen, seiner Bewunderung für Königin Elisabeth Ausdruck zu verleihen, als deutlich zu machen, wofür die Tudormonarchie stand; und Sir Isaiah Berlin macht sich in dem von mir schon erwähnten Essay entsetzliche Sorgen über die Aussicht, daß die Historiker vielleicht unterlassen könnten, Dschingis Khan und Hitler als schwarze Männer hinzustellen [45]. Die Theorie vom bösen König Johann und der guten Königin Bess tritt immer häufiger auf, je näher wir unserer Zeit kommen. Es ist einfacher, den Kommunismus „das Geisteskind von Karl Marx" zu nennen (diese Blüte habe ich kürzlich dem Rundschreiben eines Börsenmaklers entnommen) als seinen Ursprung und Charakter zu analysieren; die bolschewistische Revolution der Borniertheit Nikolaus II. oder dem deutschen Gold zuzuschreiben, als ihre tief im Sozialen wurzelnden Gründe zu untersuchen, und in den zwei Weltkriegen unseres Jahrhunderts eher die Auswirkung der persönlichen Schlechtigkeit Wilhelm II. und Hitlers als eine tiefgreifende Zersetzung im System der internationalen Beziehungen zu sehen.

C. V. Wedgwoods Darlegung behauptet also gleichzeitig zweierlei. Zum ersten, daß sich das Verhalten der Menschen als Individuen von ihrem Verhalten als Mitglieder einer Gruppe oder Klasse unterscheide und daß es dem Historiker also durchaus freistehe, worüber er sich lieber verbreiten will. Zum zweiten, daß die Untersuchung des Verhaltens der Menschen als Individuen in der Untersuchung der bewußten Motive ihrer Handlungen bestehe.

Nach allem, was bisher gesagt wurde, brauche ich mich wohl nicht länger beim ersten Punkt aufzuhalten. Nicht, daß die Auffassung des Menschen als Individuum mehr oder weniger irreführend wäre als jene andere, die in ihm das Mitglied einer Gruppe sieht; der Versuch jedoch, zwischen beiden zu unterscheiden, ist irreführend. Das Individuum ist laut Definition Mitglied einer Gesellschaft, möglicherweise auch einer umfassenderen

Ordnung — möge man sie nun Gruppe, Klasse, Stamm, Nation oder wie immer nennen. Früher gaben sich die Biologen damit zufrieden, die verschiedenen Gattungen der Vögel, Landtiere und Fische in Käfigen, Aquarien und Schaukästen zu klassifizieren, ohne sich viel um die lebendige Kreatur in ihrer Beziehung zu ihrer Umwelt zu kümmern. Vielleicht haben sich die modernen Sozialwissenschaften von diesem primitiven Stadium noch nicht ganz freigemacht. Manche Leute unterscheiden zwischen der Psychologie als der Wissenschaft vom Individuum und der Soziologie als der Wissenschaft von der Gesellschaft. Der Begriff „Psychologismus" umreißt eine Auffassung, nach der man letztlich alle sozialen Probleme auf die Analyse des individuellen menschlichen Verhaltens zurückführen kann. Der Psychologe, der die soziale Umwelt des Individuums außer acht läßt, wird indessen nicht sehr weit kommen [46]. Es ist verlockend, zwischen Biographie, die den Menschen als Individuum behandelt, und Geschichte, die in ihm den Teil eines Ganzen sieht, zu unterscheiden und zu behaupten, eine gute Biographie sei von vorneherein schlechte Geschichte. „Nichts belastet die menschliche Sicht der Geschichte mit mehr Fehlern und Ungerechtigkeiten", schrieb Acton einmal, „als das Interesse, das uns individuelle Charaktere einflößen" [47]. Aber auch diese Unterscheidung verkennt die Wirklichkeit. Ich will mich auch nicht hinter dem viktorianischen Sprichwort verstecken, daß G. M. Young über die Titelseite seines Buches *Victorian England* schrieb: „Die Diener sprechen über die Leute, die Herren über die Dinge" [48]. Einige Biographien sind ernstzunehmende Beiträge zur Geschichte: auf meinem Gebiet sind Isaak Deutschers Biographien von Stalin und Trotzki hervorragende Beispiele. Andere wiederum gehören zur Literatur, wie der historische Roman. „Für Lytton Strachey", schreibt Hugh Trevor-Roper, „waren die historischen Probleme immer und ausschließlich Probleme des individuellen Verhaltens und des individuellen Überspanntseins ... Niemals suchte er historische Probleme, Probleme der Politik und Gesellschaft, zu beantworten oder sie sich auch nur zu stellen." [49] Kein Mensch ist verpflichtet, Geschichte zu schreiben oder zu lesen; und es kann durchaus ausgezeichnete Bücher über die Vergangenheit geben, die trotzdem keine Geschichtsbücher sind. Ich glaube aber, die Konvention gibt uns das Recht, das Wort Geschichte — so wie ich es in diesen Vorlesungen zu halten gedenke — nur auf den ernsthaften Prozeß der Forschung anzuwenden, die sich mit der Vergangenheit des Menschen in der Gesellschaft befaßt.

Der zweite Punkt, der besagt, Geschichte befasse sich mit der Untersuchung, warum die Individuen „ihrer eigenen Meinung nach so handelten, wie sie handelten", scheint auf den ersten Blick recht seltsam; und ich nehme an, daß sich C. V. Wedgwood nach der Art sensibler Personen in der Praxis nicht an das hält, was sie predigt. Tut sie es dennoch, so muß sie eine recht seltsame Art von Geschichte schreiben. Jedermann weiß heutzutage, daß die Motive der Taten, selbst wenn sie zugegeben werden, den Menschen nicht immer oder sogar gewöhnlich nicht voll bewußt sind; und die Möglichkeit ausschließen, daß man als Historiker auch unbewußte oder verheimlichte Motive erfassen kann, heißt nichts anderes, als sich wissentlich mit halbgeschlossenen Augen an die Arbeit machen. Nun, das ist nach Meinung einiger Leute gerade das, was ein Historiker tun sollte. Die Sache ist die: solange man sich mit der Feststellung begnügt, daß die Schlechtigkeit König Johanns in seinem Geiz oder seiner Dummheit oder seinem Ehrgeiz, den Tyrannen zu spielen, lag, bewegt man sich im Bereich individueller Eigenschaften, die sogar noch auf der Stufe der Ammengeschichte einleuchten. Sobald man jedoch sagt, König Johann habe als unbewußtes Werkzeug altbegründeter Interessen, die sich dem Machtanspruch des aufsteigenden Feudaladels widersetzten, gehandelt, so bringt man damit nicht nur eine kompliziertere und aufgeklärtere Auffassung von König Johanns Schlechtigkeit ins Spiel, sondern deutet allem Anschein nach an, daß die historischen Ereignisse nicht durch die bewußten Handlungen der Individuen, sondern durch einige außerhalb liegende und allmächtige Kräfte, die deren unbewußten Willen leiten, bestimmt werden. Das ist natürlich Unsinn. Was mich angeht, so glaube ich nicht an *göttliche Vorsehung, Weltgeist, offenbares Geschick, Geschichte großgeschrieben* oder an irgendeine der anderen Abstraktionen, denen man manchmal die Führung der Ereignisse zuschob und noch zuschiebt; und ich würde mich ohne weiteres der Stellungnahme von Marx anschließen:

„Die *Geschichte* tut nichts, sie besitzt keinen unermeßlichen Reichtum, sie schlägt keine Schlachten. Es ist vielmehr der

Mensch, der wirklich lebendige *Mensch*, der alles tut, der besitzt und kämpft."[50]

Die beiden Bemerkungen, die ich zu dieser Frage machen möchte, haben nichts mit irgendeiner abstrakten Sicht der Geschichte zu tun, sondern beruhen auf rein empirischen Beobachtungen. Erstens ist Geschichte zu einem beträchtlichen Ausmaß Sache der Zahl. Für die unglückselige Behauptung „Geschichte ist die Biographie großer Männer" zeichnet Carlyle verantwortlich. Aber man höre ihn auf dem Gipfel seiner Beredsamkeit in seinem größten Geschichtswerk:

„Hunger und Nacktheit und ein auf fünfundzwanzig Millionen Herzen schwer lastender Alpdruck waren die Haupttriebfedern der französischen Revolution, wie das bei allen Revolutionen in allen Ländern der Fall sein wird, — nicht aber ... die verletzten Eitelkeiten und sich selbst widersprechenden Philosophien spekulierender Advokaten, reicher Krämer oder eines aufgeklärten Landadels."[51]

Oder wie Lenin sagte, „die Politik beginnt dort, wo die Massen sind, nicht wo Tausende sind, sondern wo Millionen sind, dort beginnt ernsthafte Politik".[52] Carlyles und Lenins Millionen waren Millionen von Individuen: es gab nichts Unpersönliches an ihnen. Manchmal wird in Diskussionen dieser Art Anonymität mit Unpersönlichkeit verwechselt. Leute bleiben Leute, Individuen Individuen, ob wir nun ihre Namen wissen oder nicht. Eliots „große unpersönliche Kräfte" sind die Individuen, die Clarendon, ein mutigerer und offenherzigerer Konservativer, „das schmutzige Volk ohne Namen" nennt.[53] Diese namenlosen Millionen sind Individuen, die mehr oder weniger unbewußt zusammenarbeiten und eine soziale Macht bilden. Unter normalen Umständen braucht der Historiker einen einzigen unzufriedenen Bauern oder ein unzufriedenes Dorf nicht zur Kenntnis zu nehmen. Aber Millionen unzufriedener Bauern in Tausenden von Dörfern sind ein Faktor, den kein Historiker übersehen wird. Die Gründe, die Jones abhalten, sich zu verehelichen, interessieren den Historiker nicht, es sei denn, dieselben Gründe hielten noch Tausende anderer Individuen aus Jones Generation ab, so daß die Zahl der Eheschließungen stark zurückginge: in diesem Fall wären sie für die Geschichte sehr wohl bedeutsam. Wir brauchen uns nicht weiter über den Gemeinplatz zu beunruhigen, daß Bewegungen durch Minderheiten ausgelöst werden. Alle wirksamen Bewegungen haben wenige Führer und eine große Anzahl von Anhängern; aber das bedeutet nicht, daß die große Anzahl für den Erfolg unwesentlich wäre. Zahlen zählen in der Geschichte.

Meine zweite Beobachtung ist sogar noch besser beglaubigt. Schriftsteller der verschiedensten Gedankenrichtung stimmen in der Bemerkung überein, daß die Taten der einzelnen Menschen oft Ergebnisse zeitigen, die weder von den Tätern noch von irgendeinem anderen Individuum beabsichtigt oder gewollt waren. Der Christ glaubt, daß das Individuum, das bewußt seine oft selbstischen Zwecke verfolgt, unbewußt Gottes Absichten ausführt. Mandevilles „private vices — public benefits"[54] war ein früher und gewollt paradoxer Ausdruck für diese Entdeckung. Adam Smiths „Unsichtbare Hand" und Hegels „List der Vernunft", die die Individuen für sich arbeiten und ihren Zwecken dienen läßt, während die Individuen glauben, sie erfüllten ihre eigenen persönlichen Wünsche, sind zu bekannt, als daß ich sie anführen müßte. Marx schreibt im Vorwort zu seiner *Kritik der politischen Ökonomie:* „Die Menschen treten mit der Vergesellschaftung der Produktionsmittel in endgültige und notwendige Beziehungen zueinander, die von ihrem Willen unabhängig sind." „Der Mensch lebt bewußt für sich", schreibt Tolstoj in *Krieg und Frieden,* in Anlehnung an Adam Smith, „aber er ist ein unbewußtes Werkzeug zur Erreichung historischer, universaler Ziele der Menschheit."[55] Wir wollen die nun schon allzulange Zitatenreihe mit Professor Butterfield beschließen: „In der Natur der historischen Ereignisse liegt etwas, das den Lauf der Geschichte in eine Richtung lenkt, die kein Mensch je beabsichtigte."[56] Nach einem Jahrhundert kleinerer, lokaler Kriege haben wir seit 1914 zwei große Weltkriege hinter uns. Man könnte dieses Phänomen nicht überzeugend damit erklären, daß in der ersten Hälfte des 20. Jahrhunderts mehr Individuen den Krieg oder weniger den Frieden wünschten als in den letzten 75 Jahren des 19. Jahrhunderts. Es wird wohl kaum jemand annehmen, daß irgendein Individuum die große wirtschaftliche Depression der dreißiger Jahre wollte oder ersehnte. Und doch kam sie zweifelsohne durch die Handlungen von Individuen, von denen jedes bewußt ein völlig anderes Ziel verfolgte, zustande.

Um die Diskrepanz zwischen den Absichten des Individuums und den Folgen seiner Handlungen festzustellen, muß man nicht immer auf einen rückblickenden Historiker warten. „Er hat nicht die Absicht, sich in den Krieg einzumischen", schrieb Lodge über Woodrow Wilson im März 1917, „aber ich glaube, die Ereignisse werden ihn mit sich fortreißen."[57] Die Annahme, Geschichte könne auf der Grundlage einer Erklärung, die sich der Ausdrücke menschlicher Strebungen bedient, oder auf Grund der Erklärungen, die die Handelnden selber über ihre Motive abgeben — also auf Grund von Erklärungen, „warum sie ihrer eigenen Meinung nach so handelten, wie sie handelten" — geschrieben werden, läuft aller Einsicht zuwider. Die Fakten der Geschichte sind zwar Tatsachen über Individuen, nicht aber Fakten über die Taten isolierter Individuen und ebensowenig Tatsachen über die wirklichen oder eingebildeten Motive, die die Individuen ihren Akten unterschieben. Sie sind Tatsachen über die Beziehungen der Individuen untereinander in der Gesellschaft und Tatsachen über die sozialen Kräfte, die die den Taten der Individuen zugrunde liegenden Absichten oft zu ganz anderen, manchmal sogar zu entgegengesetzten Ergebnissen führen.

Einer der grundlegenden Fehler der Collingwoodschen Geschichtsbetrachtung, über die ich in meiner letzten Vorlesung gesprochen habe, liegt in der Annahme, der Gedanke hinter einer Tat, den der Historiker erforschen soll, sei der Gedanke des individuellen Täters. Diese Annahme ist falsch. Der Historiker soll die Hintergründe einer Tat erforschen; der bewußte Gedanke oder das Motiv des individuellen Täters kann dafür jedoch ganz belanglos sein.

Hier muß ich etwas zur Rolle des Rebellen oder Dissidenten in der Geschichte sagen. Das populäre Bild des Individuums in Rebellion gegen die Gesellschaft nachzeichnen hieße, den in Wirklichkeit nicht vorhandenen Gegensatz zwischen Gesellschaft und Individuum erneut einführen. Keine Gesellschaft ist in sich völlig homogen. Jede Gesellschaft ist das Spielfeld sozialer Konflikte; Individuen, die sich gegen die bestehende Autorität stellen, sind ebensogut Produkte und Spiegelungen der Gesellschaft wie diejenigen, die sie aufrechterhalten. Richard II. und Katharina die Große stellen mächtige soziale Kräfte im England des 14. und im Rußland des 18. Jahrhunderts dar; aber auch Wat

Tyler und Pugatschew, die Führer des großen Sklavenaufstands, bedeuten soziale Kräfte. Monarchen wie Rebellen sind Produkte der für ihre Zeit und ihr Land spezifischen Umstände. Wat Tyler und Pugatschew als gegen die Gesellschaft rebellierende Individuen hinzustellen, ist eine irreführende Vereinfachung. Wären sie nichts als das gewesen, so hätte der Historiker nie von ihnen gehört. Die Rolle, die sie in der Geschichte spielen, verdanken sie der Menge ihrer Anhänger, und so sind sie entweder als soziales Phänomen bedeutsam oder überhaupt nicht. Oder nehmen wir einen hervorstechenden Rebellen und Individualisten auf einer mehr geistigen Ebene. Es dürfte schwerlich einen Menschen geben, der heftiger und radikaler auf die Gesellschaft seiner Zeit und seines Landes reagierte als Nietzsche. Und doch war Nietzsche ganz unmittelbar ein Produkt der europäischen und noch spezifischer der deutschen Geschichte — ein Phänomen, das in China oder Peru undenkbar wäre. Wie stark die europäischen und insbesondere die deutschen sozialen Kräfte waren, die in diesem Individuum ihren Ausdruck fanden, wurde erst der Generation nach Nietzsches Tod allmählich klar. Nietzsche war für seine Nachwelt bedeutsamer als für seine eigene Generation.

Die Rolle des Rebellen in der Geschichte entspricht in manchem der des großen Mannes. Die Große-Mann-Theorie der Geschichte — eine besondere Ausformung der Guten-Königin-Bess Schule — ist vor einigen Jahren außer Mode gekommen, wenn sie auch noch ab und zu ihr plumpes Haupt erhebt. Der Herausgeber einer Reihe von populären geschichtlichen Lehrbüchern, die nach dem zweiten Weltkrieg in Angriff genommen wurde, forderte seine Autoren auf, „ein bedeutsames historisches Thema durch die Biographie eines großen Mannes zu erschließen"; und A. J. P. Taylor bedeutet uns in einem seiner kleineren Essays, daß „die Geschichte des modernen Europa anhand von drei Titanen, Napoleon, Bismarck und Lenin, geschrieben werden kann";[58] in seinen ernstzunehmenden Schriften hat er sich allerdings nicht an ein so unbesonnenes Projekt gemacht. Welche Rolle also spielt der große Mann in der Geschichte? Der große Mann ist ein Individuum, und da er ein besonderes Individuum ist, ist er auch ein soziales Phänomen von besonderer Bedeutung. „Es ist eine offenkundige Wahrheit", schrieb Gibbon, „daß die

Zeiten den außerordentlichen Charakteren angemessen sein müssen, und daß das Genie eines Cromwell oder Retz heutzutage unerkannt bleiben könnte."[59] Marx stellte in seinem *18. Brumaire des Louis Bonaparte* das umgekehrte Phänomen fest: „In Frankreich schuf der Klassenkampf Umstände und Verhältnisse, die eine gemeine Mittelmäßigkeit in die Lage versetzten, im Gewand eines Helden umherzustolzieren." Hätte Bismarck im 18. Jahrhundert gelebt — eine absurde Hypothese, da er ja dann nicht Bismarck gewesen wäre —, er würde Deutschland nicht geeint haben, ja er wäre vielleicht nicht einmal ein großer Mann gewesen. Aber auf der anderen Seite braucht man m. E. die großen Männer nicht wie Tolstoi als „Aushängeschilder für die Ereignisse" zu verschreien. Natürlich kann der Kult der großen Männer manchmal zu unheilvollen Verwicklungen führen. Nietzsches Übermensch ist eine abstoßende Figur. Ich brauche wohl nicht an den Fall Hitler oder an die schrecklichen Folgen des „Persönlichkeitskultes" in der Sowjetunion zu erinnern. Aber es ist nicht meine Absicht, die großen Männer ihrer Größe zu entkleiden; ebensowenig will ich mich der Behauptung, „große Männer sind fast immer schlechte Männer", anschließen. Ich hoffe vielmehr der Ansicht entgegenzuwirken, die die großen Männer über die Geschichte stellt und glaubt, sie zwängen sich selbst dank ihrer Größe der Geschichte auf, „als Schachtelmännchen, die auf wunderbare Weise aus dem Unbekannten auftauchen, um die tatsächliche Kontinuität der Geschichte zu unterbrechen."[60] Selbst heute wüßte ich Hegels klassischer Beschreibung nichts hinzuzufügen: „Wer, was seine Zeit will und ausspricht, ihr sagt und vollbringt, ist der große Mann der Zeit. Er thut, was das Innere und Wesen der Zeit ist, verwirklicht sie..."[61]

Dr. Leavis meint etwas ähnliches, wenn er sagt, die großen Schriftsteller sind „bedeutend, da sie den Menschen achtsamer und bewußter machen".[62] Der große Mann repräsentiert immer entweder die bestehenden Kräfte oder die Kräfte, die er durch die Herausforderung der bestehenden Autorität schaffen hilft. Aber vielleicht kann man jenen großen Männern, die wie Cromwell oder Lenin die Kräfte formen halfen, die sie zur Größe trugen, ein größeres Ausmaß an schöpferischer Kraft zuschreiben, als jenen anderen, die, wie Napoleon oder Bismarck, von den bereits vorhandenen Kräften zur Größe emporgetragen wurden. Wir sollten auch nicht jene großen Männer vergessen, die ihrer Zeit so weit voraus waren, daß ihre Größe erst von den folgenden Generationen erkannt wurde. Mir scheint es wesentlich, im großen Mann ein hervorragendes Individuum zu sehen, Ergebnis und gleichzeitig Handlanger des historischen Prozesses, gleichzeitig Verkörperung und Schöpfer der sozialen Kräfte, die das Gesicht der Welt und das Denken der Menschen umgestalten.

Geschichte ist also gemäß den beiden Bedeutungen des Wortes — d. h. Forschung, die der Historiker durchführt und die Fakten der Vergangenheit, die er erforscht — ein sozialer Prozeß, in den die Individuen als soziale Wesen mit eingeflochten sind; die Vorstellung vom Gegensatz zwischen Gesellschaft und Individuum ist also nichts weiter als ein Zerrbild, das man uns vorspiegelt, um uns irrezumachen. Der reziproke Prozeß der Wechselwirkung zwischen dem Historiker und seinen Fakten, den ich als einen Dialog zwischen Gegenwart und Vergangenheit bezeichnet habe, ist ein Dialog, bei dem nicht abstrakte und isolierte Individuen, sondern die Gesellschaft von heute und die Gesellschaft von gestern als Gesprächspartner auftreten. Geschichte ist, um mit Burckhardt zu sprechen, „der Bericht darüber, was eine Zeit von einer anderen aufzuschreiben für würdig befindet".[63] Die Vergangenheit ist uns nur im Licht der Gegenwart verständlich; und umgekehrt können wir die Gegenwart nur im Licht der Vergangenheit ganz erfassen. Die zweifache Aufgabe der Geschichte besteht darin, den Menschen in die Lage zu versetzen, die Gesellschaft der Vergangenheit zu verstehen und die Gesellschaft der Gegenwart besser zu meistern.

III

GESCHICHTE, WISSENSCHAFT UND MORAL

In meiner frühesten Jugend war ich nicht wenig beeindruckt, als man mir beibrachte, daß der Walfisch allem äußeren Anschein zum Trotz kein Fisch ist. Heutzutage bewegen mich Fragen der Klassifizierung weniger; und ich beunruhige mich nicht über Gebühr, wenn man mir versichert, Geschichte sei keine Wissenschaft. Diese terminologische Frage ist eine Marotte der englischen Sprache. In jeder anderen europäischen Sprache ist die Geschichte ohne weiteres in dem unserem Wort „science" äquivalenten Begriff mit eingeschlossen. Aber in der englischsprechenden Welt hat diese Frage eine lange Geschichte hinter sich, und die bisher aufgeworfenen Fragen bilden eine geeignete Einführung zum Problem der Methode auf dem Gebiet der Geschichte.

Gegen Ende des 18. Jahrhunderts, nachdem die Wissenschaft so siegreich die Weltkenntnis des Menschen und die Einsicht in seine eigenen physischen Eigenschaften erweitert hatte, kam die Frage auf, ob die Wissenschaft nicht auch zur Erweiterung der menschlichen Kenntnis der Gesellschaft herangezogen werden könnte. Im 19. Jahrhundert entwickelte sich nach und nach die Konzeption der sozialen Wissenschaften, unter die man auch die Geschichte einreihte; die Methode, die die Wissenschaft zur Erforschung der Natur anwendet, wurde auf die Erforschung der menschlichen Angelegenheiten übertragen. Im ersten Teil dieses Zeitabschnitts überwog die Newton'sche Tradition. Die Gesellschaft wurde wie die Welt der Natur als Mechanismus aufgefaßt; man entsinnt sich noch des Titels eines 1851 veröffentlichten Werkes von Herbert Spencer, *Social Statics*. Bertrand Russell, in dieser Tradition aufgewachsen, erzählte später einmal, wie er damals die Hoffnung gehegt habe, es werde einmal eine Zeit geben, in der „eine Mathematik des menschlichen Verhaltens" möglich wäre, die „ebenso präzis" wäre „wie die Mathematik der Maschinen".[64] Aber dann kam mit Darwin eine wissenschaftliche Revolution, die Sozialwissenschaftler holten sich nun das Stichwort aus der Biologie und fingen an, die Gesellschaft als einen Organismus zu betrachten. Die wirkliche Bedeutung der Darwinschen Revolution jedoch liegt darin, daß Darwin, indem er zu Ende führte, was Lyell schon auf dem Gebiet der Geologie begonnen hatte, die Geschichte in die Wissenschaft einbezog. Die Wissenschaft hatte es nicht länger mit etwas Statischem und Zeitlosem [65] zu tun, sondern mit einem Prozeß von Wandlungen und Entwicklungen. Die Evolution in der Wissenschaft bestärkte und ergänzte den Fortschritt in der Geschichte. Aber nichts geschah, um die induktive Sicht der geschichtlichen Methode, die ich in der ersten Vorlesung beschrieben habe, zu ändern: zuerst sammelt man die Fakten, dann interpretiert man sie. Man nahm, ohne lang zu fragen, an, dieselbe Methode gelte auch für die Wissenschaft. Offensichtlich hatte Bury diese Auffassung im Auge, als er in den Schlußworten seiner Inauguralvorlesung vom Januar 1903 Geschichte als „eine Wissenschaft und nichts mehr und nichts weniger" beschrieb. In den folgenden 50 Jahren machte sich eine starke Reaktion gegen diese Geschichtsbetrachtung bemerkbar. Collingwood war in seinen Schriften, die um 1930 entstanden, besonders ängstlich darauf bedacht, die Welt der Natur als Gegenstand der wissenschaftlichen Forschung und die Welt der Geschichte reinlich voneinander zu trennen; während dieser Zeit wurde Burys Ausspruch selten zitiert, es sei denn mit spöttischen Randbemerkungen. Aber damals hatten die Historiker nicht bemerkt, daß die Wissenschaft selbst eine tiefgehende Revolution mitgemacht hatte, und daß deshalb Bury richtiger daran gewesen zu sein scheint, als wir angenommen hatten, wenn auch aus anderen Gründen. Was Lyell für die Geologie getan hat und Darwin für die Biologie, ist jetzt auch für die Astronomie getan worden, die zur Wissenschaft von der Entwicklung des Universums wurde; und die modernen Physiker sagen uns beharrlich, daß sie nicht Fakten, sondern Ereignisse untersuchen. Der Historiker hat einigen Grund, sich in der Welt der Wissenschaft von heute eher daheimzufühlen, als es ihm vor 100 Jahren möglich gewesen wäre.

Schauen wir uns zunächst einmal den Begriff Gesetz an. Im 18. und 19. Jahrhundert nahmen die Wissenschaftler an, die Gesetze der Natur — die Newtonschen Axiome, das Gravitationsgesetz, das Boylesche Gesetz, das Evolutionsgesetz usw. —

seien entdeckt und endgültig formuliert worden, und die Aufgabe des Wissenschaftlers bestehe darin, weiterhin durch Induktion Gesetze aus beobachteten Fakten abzuleiten und festzulegen. Seit Galilei und Newton hatte das Wort „Gesetz" förmlich einen Glorienschein. Diejenigen, die sich mit der Gesellschaft beschäftigten und bewußt oder unbewußt den wissenschaftlichen Charakter ihrer Studien unterstreichen wollten, bedienten sich derselben Redeweise und glaubten, ihrerseits dasselbe Verfahren anzuwenden. Die Volkswirtschaftler scheinen mit Greshams Gesetz und mit Adam Smiths Gesetzen über den Markt die ersten auf dem Plan gewesen zu sein. Burke berief sich auf „die Gesetze des Handels, die Naturgesetze und somit göttliche Gesetze sind".[66] Malthus legte ein Bevölkerungsgesetz vor, Lassalle ein ehernes Lohngesetz, und Marx erhob im Vorwort zu seinem *Kapital* den Anspruch, „das ökonomische Bewegungsgesetz der modernen Gesellschaft" entdeckt zu haben. Buckle gab in den abschließenden Worten seiner *History of Civilization* der Überzeugung Ausdruck, daß der Lauf der menschlichen Dinge „von einem glorreichen Prinzip universaler und unerschütterlicher Regelmäßigkeit durchdrungen sei". Heutzutage klingt diese Terminologie ebenso altmodisch wie sie überheblich ist; aber sie klingt in den Ohren des Physikers fast ebenso altmodisch wie in den Ohren des Sozialwissenschaftler. Ein Jahr vor Burys Inauguralvorlesung veröffentlichte der französische Mathematiker Henri Poincaré ein kleines Buch mit dem Titel *La Science et l'hypothèse*, das eine Revolution im wissenschaftlichen Denken auslöste. Poincarés Hauptthese war, daß die allgemeinen Behauptungen der Wissenschaftler, sofern sie nicht reine Definitionen oder verkappte Sprachkonventionen darstellen, Hypothesen zum Zweck der Kristallisation und Organisation weiteren Denkens sind und somit der Bestätigung, Modifikation oder Ablehnung offenstehen. All das ist in der Zwischenzeit zu einer Art Gemeinplatz geworden. Newtons Prahlerei „Hypotheses non fingo" klingt heute recht hohl; und obgleich die Wissenschaftler, manchmal sogar die Sozialwissenschaftler, sozusagen der alten Zeit zuliebe immer noch von Gesetzen sprechen, glauben sie doch nicht mehr in dem Sinn an deren Existenz, in dem die Wissenschaftler des 18. und 19. Jahrhunderts allgemein daran glaubten. Man erkennt an, daß die Wissenschaftler nicht durch Festsetzung präziser und umfassender Gesetze, sondern durch vorgebrachte Hypothesen, die der weiteren Forschung den Weg öffnen, Entdeckungen machen und neues Wissen erlangen. In einem Standardlehrbuch über die wissenschaftliche Methode beschreiben zwei amerikanische Philosophen diese „als ihrem Wesen nach kreisförmig":

„Wir beweisen die Prinzipien, indem wir empirisches Material, sogenannte Fakten, heranziehen; und wir sichten, analysieren und interpretieren das empirische Material auf der Grundlage der Prinzipien."[67]

Vielleicht wäre das Wort „wechselseitig" dem Wort „kreisförmig" vorzuziehen gewesen; denn durch diesen Prozeß der Wechselwirkung zwischen Prinzipien und Fakten, zwischen Theorie und Praxis, kommt man eigentlich nicht auf denselben Ort zurück, sondern schreitet zu neuen Entdeckungen fort. Alles Denken erfordert die Annahme gewisser, auf Beobachtung fußender Voraussetzungen, die das wissenschaftliche Denken erst ermöglichen, ihrerseits jedoch einer Revision im Lichte jenes Denkens unterworfen sind. Diese Hypothesen mögen im Zusammenhang mit bestimmten Zielen durchaus gültig sein, obwohl sie sich in anderen Fällen als ungültig erweisen. In allen Fällen fällt die Entscheidung der Empirie anheim: ob nämlich diese Hypothesen tatsächlich neue Einsichten fördern und zu unserem Wissen beitragen oder nicht. Rutherfords Methoden wurden kürzlich von einem seiner hervorragendsten Schüler und Mitarbeiter folgendermaßen beschrieben:

„Er hatte den verzehrenden Wunsch zu wissen, wie die nuklearen Phänomene arbeiten, in dem Sinn, wie man sagen kann, man weiß, was sich in der Küche tut. Ich glaube nicht, daß er nach einer Erklärung in der klassischen Art einer Theorie, die gewisse grundlegende Gesetze benützt, suchte; solange er wußte, was geschah, war er zufrieden."[68]

Diese Beschreibung trifft auch auf den Historiker zu, der nicht länger nach grundlegenden Gesetzen sucht, sondern sich mit der Frage nach dem Lauf der Dinge zufriedengibt.

Die Hypothesen, die der Historiker im Verlauf seiner Untersuchung benützt, scheinen ihrem Wesen nach denen, die der Wissenschaftler verwendet, bemerkenswert ähnlich. Man denke z. B. an Max Webers berühmte Diagnose der Beziehung zwischen

Protestantismus und Kapitalismus. Niemand würde sie heutzutage für ein Gesetz halten; früher mag sie allerdings als solches begrüßt worden sein. Sie ist eine Hypothese, die im Verlauf der Forschungen, die sie ins Rollen brachte, zwar bis zu einem gewissen Grad modifiziert wurde, ohne allen Zweifel aber unser Verständnis für diese beiden Bewegungen gefördert hat. Oder man nehme eine Behauptung wie die von Marx: „Die Handmühle gibt uns eine Gesellschaft mit einem Feudalherrn; die Dampfmühle gibt uns eine Gesellschaft mit einem industriellen Kapitalisten".[69] Das ist in der Sprache der modernen Wissenschaft kein Gesetz, obwohl es Marx vermutlich als solches hingestellt hätte, sondern eine fruchtbare Hypothese, die den Weg zu weiteren Fragen und zu neuem Verständnis weist. Hypothesen dieser Art sind das unentbehrliche Rüstzeug des Denkens. Der zu Beginn des 20. Jahrhunderts wohlbekannte deutsche Soziologe Werner Sombart gestand, daß alle diejenigen, die dem Marxismus den Rücken gewandt hatten, ein „quälendes Gefühl" überfiele.

„Wenn wir", so schrieb er, „die behaglichen Formeln, die uns bisher durch die Schwierigkeiten der Existenz geleiteten, verlieren..., haben wir das Gefühl, im Ozean der Fakten zu ertrinken, bis wir wieder Grund finden oder schwimmen lernen."[70]

Die Kontroverse über die Einteilung der Geschichte in Perioden fällt unter diese Kategorie. Die Aufeinanderfolge der geschichtlichen Perioden ist kein Faktum, sondern eine notwendige Hypothese oder Handhabe für unser Denken und nur insoweit gültig, als sie zur Klärung beiträgt; ihre Gültigkeit ist von der Interpretation abhängig. Historiker, die die Frage, wann das Mittelalter aufhört, verschieden beantworten, interpretieren auch gewisse Ereignisse auf unterschiedliche Art. Die Einteilung der Geschichte nach geographischen Gesichtspunkten ist ebenfalls kein Faktum, sondern eine Hypothese: wenn wir von europäischer Geschichte sprechen, so mag das in gewissen Zusammenhängen eine durchaus gültige und fruchtbare Hypothese sein; in anderen dagegen ist es irreführend und unheilstiftend. Die meisten Historiker rechnen Rußland zu Europa; einige indessen streiten das leidenschaftlich ab. Man kann die persönliche Neigung des Historikers nach der von ihm bevorzugten Hypothese beurteilen. Ich möchte hier einen allgemein gehaltenen Kommentar zu den Methoden der Sozialwissenschaften anführen, der von einem ursprünglich als Bauingenieur ausgebildeten großen Soziologen stammt. George Sorel, der, ehe er zwischen seinem vierzigsten und fünfzigsten Lebensjahr anfing, über die Probleme der Gesellschaft zu schreiben, als Ingenieur tätig war, betonte die Notwendigkeit, gewisse Elemente einer Situation zu isolieren, selbst auf die Gefahr hin, damit zu sehr zu vereinfachen:

„Man sollte sich", so schrieb er, „bei der Arbeit langsam vorantasten; man sollte wahrscheinliche und parteiische Hypothesen ausprobieren, sich mit provisorischen Annäherungen zufriedengeben und dabei immer der fortschreitenden Berichtigung die Türe offenhalten." [71]

Das steht dem 19. Jahrhundert, in dem die Wissenschaftler und Historiker wie Acton auf den Tag hofften, an dem durch die Anhäufung wohlbezeugter Fakten ein umfassendes Wissen vorhanden wäre, das alle umstrittenen Einzelergebnisse ein für allemal auf ihren Platz verweisen würde, recht fern. Heutzutage hegen Wissenschaftler wie Historiker die bescheidenere Hoffnung, nach und nach von einer fragmentarischen Hypothese zur nächsten fortzuschreiten, indem sie ihre Fakten durch das Medium ihrer Interpretation isolieren und ihre Interpretation anhand der Fakten prüfen; die Wege, die sie dabei einschlagen, unterscheiden sich meiner Ansicht nach im Grunde nicht wesentlich voneinander. In der ersten Vorlesung zitierte ich einen Ausspruch Professor Barracloughs, der besagt, daß Geschichte „keineswegs eine Tatsachengeschichte, sondern eine Reihe für wahr genommener Urteile" sei. Während ich über der Vorbereitung zu diesen Vorlesungen war, definierte ein Physiker unserer Universität in einer BBC-Sendung die wissenschaftliche Wahrheit als „eine Behauptung, die die Experten öffentlich gebilligt haben".[72] Keine dieser Formeln ist gänzlich zufriedenstellend — aus Gründen, die wir besser verstehen werden, wenn wir zur Frage der Objektivität kommen. Ich fand es jedenfalls auffällig, daß ein Historiker und ein Physiker unabhängig voneinander dasselbe Problem mit fast denselben Worten formulierten.

Analogien werden aber für den Unvorsichtigen leicht zur Falle: so möchte ich mit allem gebührenden Respekt die Argumente betrachten, die dafür sprechen, daß, so groß die Unterschiede zwischen der Mathematik und der Naturwissenschaft oder zwischen den verschiedenen Wissenschaften innerhalb dieser Kategorien auch sein mögen, ein grundlegender Unterschied zwischen all diesen Wissenschaften und der Geschichte besteht, und daß es von da aus gesehen irreführend ist, die Geschichte — und vielleicht auch die anderen sogenannten Sozialwissenschaften — Wissenschaften zu nennen. Diese Einwände — sie sind mehr oder weniger überzeugend — sind kurz folgende: 1. die Geschichte hat es ausschließlich mit dem Einzelfall, die Wissenschaft mit dem Allgemeinen zu tun; 2. die Geschichte erteilt keine Lehren; 3. die Geschichte kann nicht vorhersagen; 4. die Geschichte ist notwendig subjektiv, da sich der Mensch selbst beobachtet, und 5. die Geschichte schließt im Gegensatz zur Wissenschaft Fragen der Religion und Moral ein. Ich werde diese Punkte im folgenden der Reihe nach untersuchen.

Erstens wird behauptet, daß es die Geschichte mit dem Einzelfall, dem Besonderen zu tun habe, die Wissenschaft aber mit dem Allgemeinen, dem Universalen. Diese Auffassung, könnte man sagen, fängt schon mit Aristoteles an, der erklärte, die Dichtung sei „philosophischer" und „ernsthafter" als die Geschichte, da sich die Dichtung mit allgemeinen Wahrheiten beschäftige, die Geschichte dagegen mit besonderen.[73] Eine Unzahl späterer Autoren bis herunter zu Collingwood[74] trafen eine ähnliche Unterscheidung zwischen Wissenschaft und Geschichte. Das scheint auf einem Mißverständnis zu beruhen. Hobbes berühmter Ausspruch gilt noch immer: „Nichts in der Welt ist allgemein außer den Namen, denn jedes benannte Ding ist individuell und einmalig."[75] Sicher gilt das für die Naturwissenschaften: es gibt keine zwei geologischen Formationen, keine zwei Tiere derselben Gattung, keine zwei Atome, die einander völlig gleich sind. In ganz ähnlicher Weise gleicht auch kein historisches Ereignis einem anderen. Aber auf der Einmaligkeit der historischen Ereignisse bestehen, heißt, dieselbe lähmende Wirkung heraufzubeschwören, die in dem Gemeinplatz liegt, den Moore von Bischof Butler übernommen hat und der sich zu einer gewissen Zeit bei den Sprachphilosophen großer Beliebtheit erfreute: „Jedes Ding ist, was es ist und nichts anderes." Steuert man diesen Kurs, so kommt man bald zu einer Art philosophischem Nirwana, in dem man über nichts mehr irgend etwas von Bedeutung sagen kann.

Schon der Sprachgebrauch führt den Historiker wie den Wissenschaftler zu Verallgemeinerungen. Der Peloponnesische Krieg und der zweite Weltkrieg waren voneinander sehr verschieden, beide waren in ihrer Art einzigartig. Aber der Historiker nennt sie beide Kriege, und nur ein Pedant würde dagegen protestieren. Gibbon nannte sowohl die Einführung des Christentums durch Konstantin als auch den Aufstieg des Islam Revolutionen [76]; damit verallgemeinerte er zwei einzigartige Ereignisse. Genau dasselbe tun die modernen Historiker, wenn sie über die englische, französische, russische und chinesische Revolution schreiben. Der Historiker interessiert sich nicht wirklich für das Einmalige, sondern für das Allgemeine im Einmaligen. In den zwanziger Jahren des 20. Jahrhunderts gingen die Historiker in ihren Diskussionen über die Ursachen des Ersten Weltkriegs gewöhnlich von der Annahme aus, er sei eine Folge der Mißwirtschaft der Diplomaten, die im geheimen und ohne Kontrolle durch die öffentliche Meinung arbeiteten, oder eine Folge der unglücklichen Aufsplitterung der Welt in souveräne Staaten gewesen. In den dreißiger Jahren fußten die Diskussionen auf der Annahme, er sei eine Folge der Rivalität zwischen den imperialistischen Mächten gewesen, die der Druck des untergehenden Kapitalismus dazu trieb, die Welt untereinander aufzuteilen. Alle diese Diskussionen schlossen Verallgemeinerungen über die Entstehungsgründe eines Krieges oder zumindest doch über die Entstehungsgründe eines Krieges unter den Bedingungen des 20. Jahrhunderts ein. Der Historiker benützt ständig Verallgemeinerungen, um seine Thesen zu prüfen. Wenn der Beweis, daß Richard III. die Prinzen im Tower ermorden ließ, nicht eindeutig zu erbringen ist, wird sich der Historiker — vielleicht mehr unbewußt als bewußt — fragen, ob die Herrscher dieser Zeit die Gewohnheit hatten, potentiale Rivalen für ihren Thron zu liquidieren; und sein Urteil wird ganz zu Recht von dieser Verallgemeinerung beeinflußt werden.

Derjenige, der Geschichte nur liest, hat genau denselben chronischen Hang zur Verallgemeinerung, wie der, der Geschichte schreibt: er bringt die Beobachtungen des Historikers mit anderen geschichtlichen Daten, die ihm vertraut sind, oder vielleicht auch mit seiner eigenen Zeit in Zusammenhang. Wenn ich z. B. Carlyles *French Revolution* lese, ertappe ich mich immer wieder dabei, wie ich seine Kommentare verallgemeinere, indem ich sie auf das Gebiet, dem mein besonderes Interesse gilt, auf die russische Revolution, anwende. Nehmen wir z. B. einmal folgende Stelle über den Terror:

„Gräßlich in Ländern, die gleiches Recht für alle gekannt hatten. Nicht so unnatürlich in Ländern, die es nie gekannt haben."

Oder die folgende noch bezeichnendere Stelle: „Es ist eine unglückliche Tatsache, wenngleich es nur natürlich ist, daß die Geschichte dieser Periode so allgemein wie in Krämpfen geschrieben worden ist. Übertreibung, Verwünschung, Jammer herrschen in allem vor, und über dem Ganzen liegt vielfach ein schwer durchdringliches Dunkel."[77]

Oder auch eine Stelle von Burckhardt über das Wachstum des modernen Staates im 16. Jahrhundert: „Die Macht kann um so weniger ruhig bleiben, je neuer sie entstanden ist, 1. weil die, welche sie schufen, sich an rasche weitere Bewegung gewöhnt haben und weil sie Neuerer an sich sind und bleiben, 2. weil sie die von ihnen aufgestörten, respektive gebändigten Kräfte nur durch weitere Gewalttat beschäftigen können."[78]

Es ist unsinnig zu behaupten, Verallgemeinerungen seien der Geschichte fremd; die Geschichte gedeiht auf dem Boden von Verallgemeinerungen. „Was den Historiker von einem Sammler historischer Faktoren unterscheidet, ist", wie sich Elton so treffend in einem Band der neuen *Cambridge Modern History* ausdrückt, „die Verallgemeinerung"[79]; er hätte noch hinzufügen können, daß sich gerade dadurch auch der Naturwissenschaftler vom Sammler der Gattungen unterscheidet. Aber man darf nun nicht annehmen, daß wir mit Hilfe der Verallgemeinerung ein ausgedehntes Geschichtsschema konstruieren könnten, in das die einzelnen Ereignisse eingepaßt werden müßten. Und da Marx zu denen gehört, denen man oft vorwirft, sie konstruierten ein solches Schema oder hielten es doch für richtig, möchte ich zum Abschluß eine Stelle aus einem seiner Briefe zitieren, die die Angelegenheit ins rechte Licht rückt:

„Ereignisse, die einander erstaunlich gleichen, sich aber in verschiedenen historischen Milieus zutragen, führen zu gänzlich unähnlichen Ergebnissen. Wenn man jede dieser Evolutionen einzeln für sich betrachtet und sie dann miteinander vergleicht, so findet man leicht den Schlüssel zum Verständnis dieses Phänomens; aber es ist völlig ausgeschlossen, zu diesem Verständnis zu kommen, wenn man sich des Passepartouts einer historisch-philosophischen Theorie, deren großes Verdienst es ist, über der Geschichte zu stehen, bedient."[80]

Geschichte hat es mit dem Verhältnis von Einzelfall und Allgemeinem zu tun. Als Historiker kann man das Besondere vom Allgemeinen ebensowenig trennen oder dem einen den Vorzug vor dem anderen geben, wie man Fakten und Interpretation von einander trennen kann.

Hier wäre wohl eine kurze Bemerkung über das Verhältnis von Geschichte und Soziologie am Platz. Im gegenwärtigen Moment drohen der Soziologie zwei gegensätzliche Gefahren — die Gefahr, ultratheoretisch und die Gefahr, ultraempirisch zu werden: im ersten Fall also die Gefahr, sich in abstrakten und bedeutungslosen Verallgemeinerungen über die Gesellschaft im allgemeinen zu verlieren. Gesellschaft groß geschrieben ist ebenso irreführend und falsch wie Geschichte groß geschrieben. Diese Gefahr zeigt sich vor allem bei denen, die der Soziologie als ausschließliche Aufgabe zuschreiben, die von der Geschichte beigebrachten Einzelfälle auf ihren allgemeingültigen Gehalt hin zu untersuchen: man hat gemeint, daß sich die Soziologie von der Geschichte dadurch unterscheide, daß sie „Gesetze" habe[81]. Die andere Gefahr sah Karl Mannheim schon vor etwa einer Generation voraus; sie ist heute besonders aktuell; ich meine die Gefahr einer Soziologie, die nur noch mit der „Lösung unmittelbarer technischer Aufgaben des gesellschaftlichen Geschehens" zu tun hat[82]. Die Soziologie hat es mit historischen Gesellschaftsformen zu tun, von denen jede einmalig und von ihren spezifischen historischen Vorläufern und Bedingungen geprägt ist. Aber der Versuch, Verallgemeinerung und Interpretation dadurch zu vermeiden, daß man sich auf die sogenannten „technischen" Probleme der Aufzählung und Analyse beschränkt, heißt nur, sich unbewußt zum Verteidiger einer statischen Gesellschaft machen. Die Soziologie muß sich, soll sie ein fruchtbares Gebiet wissenschaftlicher Forschung werden, wie die Geschichte auch mit dem Verhältnis von Besonderem und Allgemeinem beschäftigen. Aber sie muß auch dynamisch werden — d. h. sie muß, statt die Gesellschaft im Ruhezustand (die es in Wirklichkeit gar nicht gibt) zu betrachten, den Wandel der sozialen Verhältnisse und die Entwicklung ins Auge fassen. Im übrigen möchte ich dazu nur noch dies sagen: je soziologischer die Geschichte und je historischer die Soziologie wird, desto besser für beide Teile. Die Grenze zwischen beiden Bereichen sollte für einen zweigleisigen Verkehr möglichst weit offengehalten werden.

Die Frage nach Sinn und Wert der Verallgemeinerung ist aufs engste mit meiner zweiten Frage verknüpft: kann man aus der Geschichte lernen? Das Wesentliche bei einer Verallgemeinerung ist der Versuch, von der Geschichte zu lernen, d. h. die Lektion, die uns eine Reihe von Ereignissen erteilte, auf eine andere Ereignisreihe anzuwenden. Das versuchen wir bewußt oder unbewußt immer, wenn wir verallgemeinern. Diejenigen, die Verallgemeinerungen ablehnen und darauf bestehen, daß es die Geschichte ausschließlich mit dem Einzelfall zu tun habe, lehnen selbstverständlich auch die Möglichkeit ab, daß man aus der Geschichte etwas lernen könne. Aber die Behauptung, die Menschen lernten nichts aus der Geschichte, wird durch eine Reihe beobachtbarer Tatsachen widerlegt. Das ist eine ganz alltägliche Erfahrung. 1919 nahm ich als Mitglied der britischen Delegation an der Pariser Friedenskonferenz teil. Alle Delegierten waren der Ansicht, man könne aus dem Wiener Kongreß, dem letzten großen europäischen Friedenskongreß vor 100 Jahren, lernen. Ein gewisser Hauptmann Webster, damals im Kriegsministerium angestellt, heute als Sir Charles Webster ein bedeutender Historiker,[82a] sagte in einem Essay, worin diese Lektionen bestanden. Zwei davon sind mir im Gedächtnis geblieben. Die eine ging darum, daß es gefährlich sei, bei einer Neueinteilung der europäischen Landkarte das Prinzip der Selbstbestimmung zu vernachlässigen; die andere, daß es gefährlich sei, die Geheimdokumente in den Papierkorb zu werfen, dessen Inhalt sicherlich vom Geheimdienst irgendeiner anderen Delegation aufgekauft würde. Diese aus der Geschichte gezogenen Lehren galten uns als Evangelium und beeinflußten unser Verhalten. Das Beispiel stammt aus der jüngsten Vergangenheit und ist überdies trivial. Aber es wäre nicht schwierig, in einer verhältnismäßig weit zurückliegenden Zeit den Einfluß der Lehren zu verfolgen, die man aus einer noch weiter zurückliegenden Vergangenheit zog. Jedermann weiß, wie groß der Einfluß war, den das alte

Griechenland auf Rom ausübte. Ich bin mir jedoch nicht sicher, ob irgendein Historiker versucht hat, die Lektionen, die die Römer von Hellas Geschichte lernten oder doch gelernt zu haben glaubten, genau zu analysieren. Eine Untersuchung darüber, was Westeuropa im 17., 18. und 19. Jahrhundert aus der Geschichte des alten Testaments gezogen hat, könnte recht ergiebig sein. Die Revolution der englischen Puritaner ist ohne diesen Hintergrund nicht völlig verständlich; und die Konzeption vom auserwählten Volk war ein bedeutender Faktor im Aufstieg des modernen Nationalismus. Im 19. Jahrhundert trug die neue herrschende Klasse in Großbritannien deutlich den Stempel klassischer Erziehung. Grote wies, wie ich schon erwähnte, auf Athen als Vorbild für die neue Demokratie hin; und ich würde auf eine Untersuchung über die weitreichenden und wichtigen Lehren, die die Erbauer des britischen Empires bewußt oder unbewußt aus der Geschichte des römischen Imperiums ableiteten, großen Wert legen. Auf meinem Sachgebiet läßt sich feststellen, daß die Träger der russischen Revolution von den Lektionen der französischen Revolution, der Revolution von 1848 und der Pariser Kommune von 1871 zutiefst beeindruckt, man könnte schon fast sagen, besessen waren. Aber ich muß hier an eine Einschränkung erinnern, die sich aus dem zweifachen Charakter der Geschichte ergibt. Aus der Geschichte lernen ist niemals nur ein eingleisiger Prozeß. Die Gegenwart im Licht der Vergangenheit besser begreifen heißt auch, etwas über die Vergangenheit im Licht der Gegenwart erfahren. Die Geschichte hat die Funktion, das Verständnis der Vergangenheit wie der Gegenwart durch den Prozeß der Wechselwirkung zu vertiefen.

Mein dritter Punkt handelt von der Rolle, die die Vorhersage in der Geschichte spielt: man kann, so wird behauptet, von der Geschichte nichts lernen, da die Geschichte — anders als die Wissenschaft — die Zukunft nicht vorhersagen kann. Diese Frage ist gleichsam ein einzelner Faden in einem Gewebe von Mißverständnissen. Die Wissenschaftler sind, wie wir gesehen haben, bei weitem nicht mehr so geneigt wie früher, von Naturgesetzen zu sprechen. Die sogenannten Gesetze, die die Wissenschaft aufstellt und die auf unser tägliches Leben einwirken, sind in Wirklichkeit Formulierungen von Tendenzen, eine Darlegung dessen, was bei gleichbleibenden äußeren oder experimentellen Bedingungen eintreten wird. Sie erheben nicht den Anspruch, vorhersagen zu können, was im konkreten Fall eintreten wird. Das Gravitationsgesetz beweist nicht, daß jener bestimmte Apfel auf den Boden fallen wird: jemand kann ihn in einem Korb auffangen. Das optische Gesetz von der geradlinigen Fortpflanzung des Lichts beweist nicht, daß ein bestimmter Lichtstrahl nicht durch ein dazwischentretendes Objekt gebrochen oder zerstreut werden kann. Aber damit ist nicht gesagt, daß diese Gesetze wertlos oder im Prinzip nicht gültig sind. Moderne physikalische Theorien, so sagt man uns, haben es nur mit der Wahrscheinlichkeit der eintretenden Ereignisse zu tun. Heute neigt die Wissenschaft eher zum Hinweis, daß die Induktion logisch gesehen nur bis zur Wahrscheinlichkeit oder bis zu einem vernünftigen Glauben führt; sie ist eher darauf bedacht, ihre Aussagen als allgemeine Regeln oder Richtlinien hinzustellen, deren Gültigkeit nur von Fall zu Fall geprüft werden kann. „Science, d'où prévoyance; prévoyance, d'où action", wie Comte sagte[83]. Der Schlüssel zu der Frage, ob die Geschichte fähig ist, etwas vorauszusagen, liegt in der Unterscheidung zwischen dem Allgemeinen und dem Besonderen, zwischen dem Universalen und dem Einzelfall. Der Historiker muß, wie wir gesehen haben, verallgemeinern, und damit schafft er allgemeine Richtlinien für zukünftiges Handeln, die, wenn sie auch keine eigentlichen Vorhersagen sind, doch gültig und nützlich sind. Aber er kann nicht spezifische Ereignisse vorhersagen, da das Besondere einzigartig ist und das Element des Zufalls hinzukommt. Diese Unterscheidung, die den Philosophen solche Sorgen bereitet, leuchtet dem einfachen Mann ohne weiteres ein. Wenn in einer Schule zwei oder drei Kinder die Masern bekommen, schließt man daraus, daß sich die Epidemie ausbreitet; und diese Vorhersage, falls man sie so nennen will, beruht auf einer Verallgemeinerung früherer Erfahrungen, die gültige und brauchbare Richtlinien für das Handeln liefert. Man kann jedoch nicht im besonderen vorhersagen, daß gerade Karl oder Maria die Masern bekommen wird. Der Historiker geht in derselben Weise vor. Kein Mensch erwartet von ihm, daß er den Ausbruch einer Revolution in Ruritanien für den kommenden Monat vorhersagt. Der Schluß, den man teils aus der spezifischen Kenntnis der ruritanischen Verhältnisse, teils aus dem Geschichtswissen ziehen kann, ist der, daß die Bedingungen in Ruritanien dergestalt sind, daß in nächster Zeit wahrscheinlich eine Revolution ausbrechen wird, falls jemand sie auslöst oder auch falls von seiten der Regierung nichts unternommen wird, um sie zu verhindern; dieser Schluß kann sich auf Schätzungen stützen, die z. T. auf der Analogie mit anderen Revolutionen und der Einstellung, die man von den verschiedenen Bevölkerungsschichten erwarten kann, beruhen. Die Vorhersage, falls man sie so nennen kann, kann nur durch das Eintreten einmaliger Ereignisse, die ihrerseits nicht vorhergesagt werden können, verwirklicht werden. Aber das heißt nicht, daß aus der Geschichte abgeleitete Folgerungen im Hinblick auf die Zukunft wertlos und nicht bedingt gültig sind, also nicht als Richtschnur für unser Handeln und als Schlüssel zum Verständnis der Ereignisse dienen könnten. Ich will damit nicht sagen, daß die Folgerungen des Sozialwissenschaftlers oder des Historikers denen des Naturwissenschaftlers an Genauigkeit gleichkämen, oder daß ihre diesbezügliche Rückständigkeit nur einer weniger fortgeschrittenen Entwicklung der Sozialwissenschaften zuzuschreiben wäre. Der Mensch ist in jeder Hinsicht das komplexeste rationale Wesen, das uns bekannt ist, und das Studium seines Verhaltens kann sehr wohl Schwierigkeiten einschließen, die sich der Art nach von denen, denen sich der Naturwissenschaftler gegenübersieht, unterscheiden. Ich möchte auch nur feststellen, daß sich Ziele und Methoden der beiden Bereiche nicht grundsätzlich voneinander unterscheiden.

Mit dem vierten Punkt kommen wir zu einem Argument, das die Einführung einer Grenzlinie zwischen den Sozialwissenschaften einschließlich der Geschichte einerseits und den Naturwissenschaften andererseits in einer viel zwingenderen Weise nahelegt. Es lautet: in den Sozialwissenschaften gehören Subjekt und Objekt derselben Kategorie an und beeinflussen einander. Die Menschen sind nicht nur die komplexesten und variabelsten unter den Naturwesen, sie müssen dazuhin von anderen Menschen erforscht werden, also nicht von unabhängigen Beobachtern einer anderen Gattung. Hier gibt sich der Mensch nicht mehr wie in den biologischen Wissenschaften damit zufrieden, seinen eigenen physischen Aufbau und seine physischen Reaktionen zu untersuchen. Der Soziologe, der Wirtschaftler und der Historiker müssen in die Formen des menschlichen Verhaltens, hinter dem ein aktiver Wille steht, eindringen, um feststellen zu können, warum die Menschen, die Gegenstand ihrer Untersuchung sind, so handeln wollten, wie sie es taten. Das führt zu einem für Geschichte und Sozialwissenschaften charakteristischen Verhältnis zwischen Beobachter und Beobachtetem. Der Blickpunkt des Historikers läßt sich von keiner seiner Beobachtungen trennen; Geschichte ist durch und durch von Relativität durchzogen. „Man könnte überall aufweisen, wie nicht nur die letzten Stellungnahmen, Wertungen, Inhalte, sondern auch die Problemstellungen, die Art und Weise der Betrachtung und *sogar die Kategorien, in die man Erfahrung einfängt, sammelt und ordnet, je nach dem Standpunkt verschieden sind*"[84], um mit Karl Mannheim zu sprechen. Aber nicht nur, daß sich die persönliche Neigung des Sozialwissenschaftlers notwendig mit jeder seiner Beobachtungen verquickt, stimmt; ebenso gut stimmt auch, daß der Beobachtungsprozeß das Objekt der Beobachtung affiziert und modifiziert. Das kann auf ganz gegensätzliche Weise geschehen. Die Menschen, deren Verhalten zum Gegenstand der Analyse und Vorhersage gemacht wird, können, durch die Vorhersage unwillkommener Konsequenzen im voraus gewarnt, dazu veranlaßt werden, ihre Handlung vorsätzlich zu modifizieren, so daß sich die Vorhersage, so korrekt sie auch auf der Analyse aufbauen mag, selbst vereitelt. Ein Grund dafür, daß sich die Geschichte selten wiederholt, wenn ihre Träger Leute mit historischem Bewußtsein sind, liegt darin, daß die *dramatis personae* bei der zweiten Vorstellung die Lösung von der ersten her kennen und daß ihre Handlungsweise durch dieses Wissen beeinflußt wird.[85] Die Bolschewisten wußten, daß die französische Revolution mit einem Napoleon geendet hatte und fürchteten, daß ihre eigene Revolution auf dieselbe Weise enden könnte. Deshalb mißtrauten sie Trotzki, demjenigen unter ihren Führern, der einem Napoleon am ähnlichsten war, und vertrauten Stalin, der ihm am wenigsten glich. Aber dieser Prozeß kann sich auch gerade umgekehrt auswirken. Der Wirtschaftler, der auf Grund einer wissenschaftlichen Analyse der bestehenden ökonomischen Bedingungen eine bevorstehende Hochkonjunktur oder einen Preissturz voraussagt, kann, falls er große Autorität besitzt und seine Argumente schlagend sind, gerade durch seine Voraussage zum Auftreten des vorhergesagten Phänomens beitragen. Der Staatswissenschaftler, der auf Grund historischer Beobachtungen die Überzeugung unterstützt, Despotismus sei kurzlebig, kann zum Sturz des Despoten beitragen. Jedermann ist das Verhalten der Wahlkandidaten bekannt, die ihren Sieg bewußt mit der Absicht ankündigen, dadurch die Erfüllung der Vorhersage wahrscheinlicher zu machen; und so hat man manchmal den Verdacht, daß auch Wirtschaftler, Staatswissenschaftler und Historiker, wenn sie sich auf Vorhersagen einlassen, von der unbewußten Hoffnung getrieben sind, damit die Verwirklichung der Vorhersage zu beschleunigen. Man kann über diese komplexen Beziehungen mit Sicherheit vielleicht nur soviel sagen, daß die Wechselwirkung zwischen Beobachter und Beobachtetem, zwischen dem Sozialwissenschaftler und seinen Daten, dem Historiker und seinen Fakten kontinuierlich ist und kontinuierlich wechselt, und daß hierin ein entscheidendes Merkmal der Geschichte und der Sozialwissenschaften zu liegen scheint.

Ich sollte hier vielleicht auch anmerken, daß erst vor ein paar Jahren einige Physiker über ihre Wissenschaft in Ausdrücken gesprochen haben, die noch erstaunlichere Analogien zwischen dem physikalischen Universum und der Welt des Historikers nahezulegen scheinen. Erstens sollen ihre Ergebnisse grundsätzlich einen Faktor der Unsicherheit oder Unbestimmtheit enthalten. In meiner nächsten Vorlesung werde ich über Wesen und Grenzen des sogenannten Determinismus in der Geschichte sprechen. Aber ob nun der Unsicherheitsfaktor der modernen Physik in der Natur des Universums liegt oder lediglich ein Zeichen für unser bisher mangelhaftes Verständnis ist (dieser Punkt ist noch nicht geklärt), ich jedenfalls bezweifle — wie man ja auch vor ein paar Jahren die Versuche einiger Enthusiasten anzweifelte, die daraus die Tätigkeit eines freien Willens im Universum ableiten wollten —, daß sich darin bedeutende Analogien zu unserer Fähigkeit, historische Vorhersagen zu machen, finden lassen. Zweitens wird uns gesagt, daß in der modernen Physik die Maße für Raumentfernungen und Zeitspannen von der Bewegung des „Beobachters" abhängen. In der modernen Physik sind alle Messungen inhärenten Schwankungen unterworfen, die sich aus der Unmöglichkeit, eine konstante Beziehung zwischen dem „Beobachter" und dem zu beobachtenden Objekt herzustellen, ergeben; sowohl der „Beobachter" als auch das beobachtete Ding — beide zugleich Subjekt und Objekt — gehen in das Endergebnis der Beobachtung ein. Aber wenn sich auch diese Beschreibungen ohne große Änderung auf die Beziehungen zwischen dem Historiker und den Objekten seiner Beobachtung anwenden lassen, so meine ich doch, daß sich das Wesen dieser Beziehungen nicht wirklich mit der Art der Beziehungen zwischen dem Physiker und seinem Universum vergleichen läßt; und obwohl es mir im Grunde darum geht, die Unterschiede, die die Methode des Historikers von der des Wissenschaftlers trennen, eher zu verkleinern als zu vergrößern, so ist das doch nicht damit getan, daß ich versuche, diese Unterschiede durch Berufung auf mangelhafte Analogien wegzuzaubern.

Aber wenn es sich auch m. E. gehört, darauf hinzuweisen, daß die Verquickung des Sozialwissenschaftlers oder des Historikers mit dem Objekt seiner Untersuchung von ganz anderer Art ist als die des Physikers und daß die Fragen, die aus dem Subjekt-Objekt-Verhältnis erwachsen, unendlich komplizierter sind, so ist damit doch noch nicht alles gesagt. Die klassischen Erkenntnistheorien, die im 17., 18. und 19. Jahrhundert vorherrschten, nahmen alle eine scharfe Trennung zwischen dem erkennenden Subjekt und dem erkannten Objekt an. Wie immer man den Prozeß auch auffaßte, die Modellkonstruktion der Philosophen zeigte Subjekt und Objekt, den Menschen und die äußere Welt voneinander getrennt, beide für sich. Das war die große Zeit der Entstehung und Entwicklung der Wissenschaft. Und die Erkenntnistheorien wurden stark durch die Meinungen der Pioniere der Wissenschaft beeinflußt. Der Mensch wurde scharf von der äußeren Welt abgehoben. Er rang mit ihr als mit etwas Unbehandelbarem und potentiell Feindlichem — unbehandelbar, da schwierig zu verstehen, potentiell feindlich, da schwer zu beherrschen. Mit den Erfolgen der modernen Wissenschaft hat sich diese Auffassung radikal geändert. Der Wissenschaftler von heute ist wesentlich weniger geneigt, die Naturkräfte als etwas, gegen das man kämpfen muß, aufzufassen; viel eher wird er sie als etwas, mit dem man zusammenarbeitet, das man seinen Zwecken nutzbar macht, betrachten. Die klassischen Erkenntnistheorien passen nicht länger zur neueren Wissenschaft und am allerwenigsten zur Physik. Es ist nicht erstaunlich, daß die Philosophen während der letzten 50 Jahre anfingen, sie in Zweifel zu ziehen und anzuerkennen, daß der Erkenntnisprozeß, weit davon entfernt, Subjekt und Objekt scharf voneinander zu trennen, im Gegenteil ein gewisses Ausmaß an gegenseitigen Beziehungen und Abhängigkeiten einschließt. Das ist nun aber für die Sozialwissenschaften sehr bedeutsam. In meiner ersten Vorlesung brachte ich Ihnen nahe, daß das Studium der Geschichte schwer mit der traditionellen empirischen Erkenntnistheorie zu vereinen sei. Jetzt würde ich sagen, daß die Sozialwissenschaften als Ganzes genommen mit jeder Erkenntnistheorie, die scharf zwischen Subjekt und Objekt unterscheidet, unvereinbar sind, da der Mensch für sie sowohl Subjekt als auch Objekt, sowohl Forscher als auch zu Erforschendes ist. Die Soziologie hat in ihrem Bemühen, ein zusammenhängendes Lehrgebäude aufzustellen, ganz recht daran getan, eine sogenannte Wissenssoziologie zu entwickeln. Das hat aber bis jetzt noch nicht sehr weit geführt — vor allem scheint mir, weil sie sich damit begnügte, innerhalb des Käfigs der traditionellen Erkenntnistheorie herumzuwandeln. Es ist für die Sozialwissenschaften und vor allem für die Geschichte ein gutes Omen, daß die Philosophen, zuerst unter dem Einfluß der modernen Physik, jetzt unter der Einwirkung der modernen Sozialwissenschaft, anfangen, aus diesem Käfig auszubrechen und ein Modell für den Erkenntnisprozeß zu konstruieren, das zeitgemäßer ist als das alte Billardballmodell der auf ein passives Bewußtsein einwirkenden Daten. Dieser Punkt hat einige Bedeutung, und ich werde später, wenn ich mich der Frage zuwende, was wir unter Objektivität in der Geschichte zu verstehen haben, darauf zurückkommen.

Als letzten, aber nicht geringfügigsten Punkt muß ich die Ansicht behandeln, daß sich Geschichte dadurch, daß sie aufs engste mit den Fragen der Religion und Moral verbunden ist, von der Wissenschaft im allgemeinen und vielleicht auch von den anderen Sozialwissenschaften unterscheidet. Über das Verhältnis von Religion und Geschichte werde ich nur eben soviel sagen, als nötig ist, um meine Position klarzustellen. Man kann als ernsthafter Astronom durchaus an einen Gott glauben, der das Universum erschaffen und geordnet hat, nicht aber an einen Gott, der nach seinem Gutdünken die Bahn eines Planeten ändert, eine Sonnenfinsternis hinausschiebt oder die kosmischen Spielregeln abändert. In derselben Weise, so heißt es manchmal, könne ein ernsthafter Historiker wohl an einen Gott glauben, der dem Lauf der Geschichte im ganzen gesehen Ordnung und Sinn gegeben hat, nicht aber an einen Gott in der Art des Alten Testaments, der die Amalekiter niedermetzelt oder sich über den Kalender wegsetzt und die Stunden des Tageslichts zugunsten von Josuas Heer verlängert. Auch könne er bestimmte historische Ereignisse nicht mit Gott erklären. Pater d'Arcy versucht in seinem erst vor kurzem erschienenen Buch folgende Unterscheidung zu treffen:

„Es geht nicht an, daß ein Student jede Frage in der Geschichte mit dem Hinweis auf den Finger Gottes beantwortet. Erst wenn wir die weltlichen Ereignisse und das menschliche Drama so gut als möglich aufgeräumt haben, dürfen wir umfassendere Betrachtungen heranziehen."[86]

Das Ungute an dieser Ansicht ist, daß sie die Religion wie den Joker im Kartenspiel zu behandeln scheint, den man sich für die Fälle, wo es gar nicht mehr anders gehen will, für wirklich bedeutende Tricks, aufhebt. Der lutherische Theologe Karl Barth machte es besser, als er die göttliche Geschichte von der weltlichen völlig trennte und letztere dem weltlichen Arm übergab. Professor Butterfield meint, wenn ich ihn recht verstehe, dasselbe, wenn er von „technischer" Geschichte spricht. Technische Geschichte ist die einzige Art Geschichte, die Sie oder ich vermutlich je schreiben werden, oder die er geschrieben hat. Aber dadurch, daß er dieses seltsame Epitheton verwendet, behält er sich das Recht vor, an eine esoterische oder durch göttliche Vorsehung gelenkte Geschichte zu glauben, mit der sich der Rest der Sterblichen nicht zu beschäftigen braucht. Autoren wie Berdjajew, Niebuhr und Maritain geben sich den Anschein, den autonomen Status der Geschichte hochzuhalten, bestehen aber darauf, daß das Ende oder Ziel der Geschichte außerhalb ihrer selbst liege. Ich für meinen Teil dagegen finde es schwierig, die Integrität der Geschichte mit dem Glauben an eine übergeschichtliche Macht, von der ihr Sinn und ihre Bedeutung abhängen, zu vereinen — mag diese Macht nun der Gott des auserwählten Volkes, ein christlicher Gott, die unsichtbare Hand der Deisten oder Hegels Weltgeist sein. Für die Zwecke dieser Vorlesungen will ich annehmen, daß der Historiker seine Probleme lösen muß, ohne Zuflucht zu einem solchen *deus ex machina* zu nehmen, daß Geschichte ein Spiel ist, das sozusagen ohne Joker gespielt wird.

Das Verhältnis von Geschichte und Moral ist komplizierter, in die diesbezüglichen Diskussionen haben sich in der Vergangenheit verschiedene Zweideutigkeiten eingeschlichen. Heutzutage braucht man wohl kaum noch einen Menschen davon zu überzeugen, daß es nicht Sache des Historikers ist, das Privatleben der Charaktere in seiner Geschichtsdarstellung moralisch zu beurteilen. Der Standpunkt des Historikers und der des Moralisten sind nicht identisch. Heinrich VIII. mag ein schlechter Ehemann und ein guter König gewesen sein, aber den Historiker interessiert jene Eigenschaft nur insofern, als sie die geschichtlichen Ereignisse beeinflußt hat. Hätten seine moralischen Missetaten ebensowenig auf die öffentlichen Angelegenheiten eingewirkt wie diejenigen Heinrich II., so bräuchte sich der Historiker nicht um sie zu kümmern. Das gilt für Tugenden wie für Laster. Pasteur und Einstein sollen ein vorbildliches, sogar heiligmäßiges Privatleben geführt haben. Aber nehmen wir einmal an, sie wären untreue Ehemänner, grausame Väter und skrupellose Kollegen gewesen: glauben Sie, das hätte ihren historischen Leistungen Abbruch getan? Aber gerade diese beschäftigen ja den Historiker. Stalin soll sich grausam und hartherzig gegen seine zweite Frau benommen haben, aber als Historiker der sowjetischen Angelegenheiten geht mich das m. E. nicht viel an. Das heißt aber nicht, daß die Sittlichkeit im Privatleben nicht bedeutsam oder daß die Geschichte der Sittenlehre nicht ein legitimer Teil der Geschichte wäre. Aber der Historiker hält sich nicht damit auf, das Privatleben der Individuen, die in seinem Buch vorkommen, moralisch zu beurteilen. Er hat anderes zu tun.

Eine ernstzunehmende Schwierigkeit ergibt sich bei der Frage nach der moralischen Beurteilung der öffentlichen Aktionen. Der Glaube, daß es Pflicht des Historikers sei, über seine *dramatis personae* ein moralisches Urteil zu fällen, hat einen langen Stammbaum. Nie aber war er mächtiger als im England des 19. Jahrhunderts, wo er durch die moralisierenden Tendenzen der Zeit und einen hemmungslosen Kult des Individualismus noch verstärkt wurde. Rosebery bemerkt, daß das englische Volk von Napoleon vor allem wissen wollte, ob er „ein guter Mensch" sei.[87] In seiner Korrespondenz mit Creighton erklärte Acton, daß die „Unbeugsamkeit des moralischen Kodex das Geheimnis der Autorität, der Würde und Brauchbarkeit der Geschichte ausmacht", und erhob den Anspruch, die Geschichte „zum Schiedsrichter in Streitfragen, zum Führer der Wandernden, zum Stekken und Stab der moralischen Norm, die die weltlichen und geistlichen Machthaber ständig zu unterdrücken streben"[88], zu machen — eine Ansicht, die auf Actons fast mystischem Glauben an die Objektivität und Oberhoheit der historischen Fakten beruht; dieser Glaube ruft anscheinend den Historiker im Namen der *Geschichte* auf und befugt ihn als eine Art überhistorische Macht, moralische Urteile über die Individuen, die am historischen Geschehen teilhaben, zu fällen. Diese Einstellung zeigt sich noch manchmal in unerwarteten Formen. Arnold Toynbee bezeichnete Mussolinis Einmarsch in Abessinien von 1935 als eine „vorsätzliche persönliche Sünde"[89]; und Sir Isaiah Berlin besteht in dem bereits angeführten Essay mit großem Nachdruck darauf, daß es die Pflicht des Historikers sei, „Karl den Großen oder Dschingis Khan, Hitler oder Stalin für die Massaker, die sie angerichtet haben, zu richten"[90]. Diese Ansicht ist hinlänglich von Professor Knowles getadelt worden, der in seiner Antrittsvorlesung Motleys Brandmarkung Philipp II. („wenn es noch Laster gab ... die er nicht hatte, so nur, weil es der menschlichen Natur versagt ist, und sei es im Bösen, zur Vollkommenheit zu gelangen") und Stubbs Beschreibung von König John („von allen Verbrechen befleckt, die einen Menschen entwürdigen können") als Beispiele für moralische Urteile über Individuen anführt, für die der Historiker nicht zuständig ist: „Der Historiker ist kein Richter und noch viel weniger ein Todesrichter"[91]. Aber auch bei Croce findet sich eine feine Stelle zu diesem Punkt:

„Die Anklage vergißt einen großen Unterschied, nämlich, daß unsere Tribunale (juristischer oder moralischer Art) Tribunale von heute für lebende, aktive und gefährliche Menschen sind, während jene anderen Menschen, die schon vor dem Tribunal ihrer Zeit standen, nicht zweimal verurteilt oder freigesprochen werden können. Sie können nicht vor ein anderes Tribunal gestellt werden, welcher Art auch immer, weil sie Menschen der Vergangenheit sind, die dem Frieden der Vergangenheit angehören und als solche nur Geschichtsthemen abgeben und keinem anderen Urteil unterzogen werden können als dem, das den Geist ihres Werkes durchdringt und versteht ... Diejenigen, die sich unter dem Vorwand, Geschichte zu erzählen, als Richter herumtummeln, hier einen freisprechend, dort einen verdammend, weil sie meinen, das sei der Geschichte Amt ... werden allgemein für bar allen geschichtlichen Verständnisses gehalten." [92]

Manch einer wird nun die Behauptung, daß es nicht Sache des Historikers ist, Hitler oder Stalin oder auch Senator McCarthy unter einem moralischen Gesichtspunkt zu beurteilen, bekritteln, weil sie Zeitgenossen von vielen unter uns sind, weil Hunderttausende von denen, die direkt oder indirekt unter ihren Handlungen litten, noch leben und weil es uns aus eben diesen Gründen schwerfällt, uns ihnen als Historiker zu nahen und uns anderer Eigenschaften zu entledigen, die es uns erlauben würden, ihre Taten zu richten: das ist eine, eigentlich möchte ich sagen, *die* Verlegenheit des zeitgenössischen Historikers. Aber was hat man denn heutzutage davon, wenn man die Sünden Karls des Großen oder Napoleons ankreidet?

Deshalb wollen wir die Vorstellung, daß der Historiker eine Art Todesrichter sei, fallenlassen und uns der schwierigeren, aber dafür auch lohnenderen Frage zuwenden, wie es mit der moralischen Beurteilung zwar nicht der Individuen, wohl aber der Ereignisse, Institutionen oder politischen Richtungen der Vergangenheit steht. Dies sind die eigentlich wichtigen Urteile, die der Historiker fällt; und diejenigen, die so feurig für die moralische Verurteilung des Individuums eintreten, schaffen gerade dadurch manchmal ein Alibi für ganze Gruppen oder Gesellschaften. Der französische Historiker Lefèbvre versuchte die Französische Revolution von aller Verantwortung für die Mißgeschicke und Blutbäder der Napoleonischen Kriege zu entbinden, indem er diese „der Diktatur eines Generals ..., dessen Temperament ... sich nicht leicht bei Frieden und Mäßigung beruhigen konnte" [93], zuschrieb. Die Deutschen von heute begrüßen es, wenn der Historiker mit der Brandmarkung von Hitlers persönlicher Ruchlosigkeit die moralische Beurteilung der Gesellschaft, die ihn hervorbrachte, geschickt umgeht. Die

Russen, Engländer und Amerikaner schließen sich jederzeit gerne den Angriffen auf die Person Stalins, Neville Chamberlains oder McCarthys als Sündenbock für ihre kollektiven Missetaten an. Die positiven moralischen Urteile über Individuen können allerdings ebenso irreführend und unheilvoll sein wie die moralische Anklage. Mit dem Hinweis auf die edle Gesinnung einiger Sklavenbesitzer pflegte man sich um die Verdammung der Sklaverei als unmoralisch zu drücken. Max Weber verweist auf die „Sklaverei ohne Herren, in die der Kapitalismus den Arbeiter oder den Schuldner verstrickt", und folgert zu Recht, daß der Historiker die Institution und nicht die Individuen, die sie errichtet haben, moralisch beurteilen sollte.[94] Der Historiker sitzt nicht über einen einzelnen orientalischen Despoten zu Gericht. Aber niemand erwartet von ihm, daß er gleichgültig und unparteiisch bleibt, wenn es sich, sagen wir, um orientalischen Despotismus oder um die Institutionen Athens unter Perikles handelt. Er wird nicht über den einzelnen Sklavenbesitzer zu Gericht sitzen, aber das hindert ihn nicht, eine sklavenhaltende Gesellschaft zu verurteilen. Historische Fakten setzen, wie wir gesehen haben, ein gewisses Ausmaß an Interpretation voraus, und historische Interpretation bringt immer moralische Beurteilung, oder, wenn man einen neutraler klingenden Ausdruck bevorzugt, Werturteile mit sich.

Damit stehen wir aber erst am Beginn der Schwierigkeiten. Geschichte ist ein fortwährender Kampf, in dem gewisse Gruppen Erfolge — wir mögen sie für gut oder schlecht halten — direkt oder indirekt, und öfters direkt als indirekt, auf Kosten anderer erzielen. Die Verlierer bezahlen. Das Leid ist der Geschichte eingeboren. Jeder bedeutende Abschnitt der Geschichte hat neben seinen Siegen auch Verluste zu verzeichnen. Damit kommen wir zu einer außerordentlich komplizierten Frage, denn wir haben keinen Maßstab, um das größere Wohl einiger gegen die Opfer anderer abwägen zu können: und doch muß ein Gleichgewicht geschaffen werden. Dieses Problem ist nicht auf die Geschichte beschränkt. Der Alltag stellt uns, öfter als wir zugeben wollen, vor die Notwendigkeit, das geringere Übel vorzuziehen oder Böses zu tun, um Gutes zu erreichen. In der Geschichte wird die Frage manchmal unter der Rubrik „die Kosten des Fortschritts" oder „der Preis der Revolution" diskutiert.

Aber das ist irreführend. Wie Bacon in seinem Essay *On Innovations* sagt, „eine Sitte weiterhin beizubehalten, ist eine ebenso turbulente Angelegenheit wie eine Neuerung". Die Erhaltungskosten des Bestehenden treffen die weniger Privilegierten ebenso hart wie die Kosten der Erneuerung diejenigen, die ihrer Privilegien beraubt werden. Die These, das Wohl einiger rechtfertige das Leiden anderer — eine ebenso konservative wie radikale Doktrin —, wird ohne besonderen Hinweis von jeder Regierung befolgt. Dr. Johnson führt ohne Zimperlichkeit das Argument des geringeren Übels an, um die Aufrechterhaltung der bestehenden Ungleichheiten zu rechtfertigen:

„Es ist besser, daß einige unglücklich sind, als daß keiner glücklich sein sollte, was bei allgemeiner Gleichheit der Fall wäre." [95]

Unter ihren dramatischsten Formen erscheint diese Streitfrage zu Zeiten radikaler Umwälzung; und hier ist es für uns auch am einfachsten, den Standpunkt zu untersuchen, den der Historiker ihr gegenüber bezieht.

Nehmen wir einmal die Geschichte der Industrialisierung Großbritanniens von etwa 1780 bis 1870. Im wesentlichen wird vermutlich jeder Historiker ohne viele Worte die industrielle Revolution als bedeutende und fortschrittliche Leistung behandeln. Er wird zwar auch die Vertreibung der Bauern von ihrem Besitz, die Zusammenpferchung der Arbeiter in ungesunden Fabriken und unhygienischen Wohnungen, die Ausbeutung der Kinderarbeit beschreiben; vermutlich wird er auch sagen, daß das System nicht fehlerfrei funktionierte, daß manche Arbeitgeber unbarmherziger waren als andere, und wird mit einer gewissen Salbung dabei verweilen, wie, nachdem das System einmal feststand, auch das humanitäre Gewissen schrittweise wuchs. Aber er wird, auch wenn er es wahrscheinlich nicht laut sagt, annehmen, daß — zumindest in den Anfangsphasen — Zwangs- und Ausbeutungsmaßnahmen unvermeidbare Posten in den Industrialisierungskosten waren. Ich habe noch nie einen Historiker sagen hören, daß es angesichts der Kosten besser gewesen wäre, die Hand des Fortschritts aufzuhalten und nicht zu industrialisieren; falls es aber doch einen solchen geben sollte, so gehört er zweifelsohne der Schule von Chesterton und Belloc an und wird — ganz zu Recht — von ernsthaften Historikern nicht ernst genommen werden. Dieses Beispiel ist für mich persönlich von besonderem Interesse; ich hoffe nämlich bald in meiner Geschichte Sowjetrußlands das Problem der Kollektivierung der Bauern als Teil der Industrialisierungskosten anzugehen, und ich weiß sehr wohl, daß ich mir, wenn ich dem Beispiel der Historiker der britischen industriellen Revolution folge und die Brutalitäten und Mißbräuche der Kollektivierung auf der einen Seite bedauere, auf der anderen aber den Prozeß als unvermeidbaren Teil der Kosten einer wünschenswerten und notwendigen Industrialisierungspolitik hinstelle, den Vorwurf zuziehen werde, ich sei zynisch und entschuldige Übles. Um die Kolonisierung Asiens und Afrikas durch die westlichen Nationen im 19. Jahrhundert zu entschuldigen, führen die Historiker nicht nur ihre unmittelbare Wirkung auf die Weltwirtschaft, sondern auch die nachhaltigen Folgen für die unterentwickelten Völker dieser Kontinente ins Treffen. Trotz allem, so heißt es, ist das moderne Indien ein Kind der britischen Herrschaft und das moderne China ein Produkt aus der Kreuzung des westlichen Imperialismus des 19. Jahrhunderts mit dem Einfluß der russischen Revolution. Unglücklicherweise haben gerade jene chinesischen Arbeiter, die in den Fabriken, die der Westen in den Vertragshäfen besaß, oder in den südafrikanischen Bergwerken gearbeitet oder im ersten Weltkrieg auf westlicher Seite gekämpft haben, nicht überlebt, um Ruhm oder Vorteile, die aus der chinesischen Revolution erwachsen sein mögen, zu genießen. Selten ernten diejenigen, welche die Kosten bezahlt haben, auch die Vorteile. Es macht einen geradezu unbehaglich, wie genau Engels blutige Schilderung zutrifft:

„Geschichte dürfte die grausamste aller Göttinnen sein; sie leitet ihren Triumphwagen über eine Unzahl von Leichen, nicht nur im Krieg, sondern auch bei der ‚friedlichen' wirtschaftlichen Entwicklung; und wir Männer und Frauen sind unglücklicherweise so dumm, daß wir den Mut zum wirklichen Fortschritt erst aufbringen können, wenn uns das Leiden, das fast schon alles Maß zu überschreiten scheint, dazu treibt."[96]

Iwan Karamasoffs berühmte Geste der Herausforderung ist ein heroischer Irrtum. Wir sind in die Gesellschaft, wir sind in die Geschichte hineingeboren. Den Moment, in dem uns eine Eintrittskarte mit der Möglichkeit, sie anzunehmen oder abzulehnen, angeboten würde, gibt es nicht. Der Historiker findet auf die Frage nach dem Sinne des Leidens keine abschließendere Antwort als der Theologe. Auch er greift auf die These des geringeren Übels und des größeren Wohls zurück.

Aber impliziert der Umstand, daß der Historiker — anders als der Wissenschaftler — durch die Natur seines Materials in die Streitfragen der moralischen Beurteilung verwickelt wird, nicht, daß die Geschichte übergeschichtlichen Wertmaßstäben untersteht? Ich glaube es nicht. Nehmen wir an, daß die abstrakten Begriffe wie „gut" und „böse" und ihre aufgeklärteren Ableitungen außerhalb des Geschichtsbereichs liegen. Trotzdem spielen diese Abstraktionen beim Studium der Sittengeschichte eine recht ähnliche Rolle wie die mathematischen und logischen Formeln in der Naturwissenschaft. Sie sind unentbehrliche Denkkategorien; aber sie sind sinnlos und nicht anwendbar, ehe man ihnen nicht einen spezifischen Inhalt gibt. Oder, wenn man ein anderes Bild vorzieht: die moralischen Vorschriften, die wir auf die Geschichte oder auf den Alltag anwenden, gleichen einem Bankscheck: sie bestehen aus einem gedruckten und einem geschriebenen Teil. Auf dem gedruckten Teil stehen abstrakte Worte wie Freiheit und Gleichheit, Gerechtigkeit und Demokratie. Das sind die wesentlichen Kategorien. Aber der Scheck ist wertlos, wenn wir den anderen Teil nicht ausfüllen, der angibt, welches Ausmaß an Freiheit wir diesem oder jenem zubilligen wollen, wen wir, und bis zu welchem Grad, als unseresgleichen anerkennen. Die Art und Weise, in der wir von Zeit zu Zeit den Scheck ausfüllen, ist Sache der Geschichte. Der Prozeß, der den abstrakten moralischen Konzeptionen einen spezifisch historischen Inhalt gibt, ist ein geschichtlicher Prozeß; die moralischen Urteile sind in das Rahmenwerk der Konzeptionen eingefügt, das seinerseits eine Schöpfung der Geschichte ist. Die Lieblingsform der zeitgenössischen internationalen Kontroverse über moralische Streitfragen ist die Debatte, wer unter den rivalisierenden Mächten mehr Anspruch auf Freiheit und Demokratie erheben kann. Die Begriffe sind abstrakt und allgemein. Aber der Inhalt, der in sie gelegt wurde, hat sich im Verlauf der Geschichte von einer Zeit zur anderen und von Ort zu Ort geändert; und jedwedes praktische Ergebnis, das sie zeitigten, kann nur auf dem Boden der Geschichte verstanden und erörtert werden. Nehmen wir ein etwas weniger populäres Beispiel: man hat versucht, den Begriff der „wirtschaftlichen Rationalität" als objektives und unbestreitbares Kriterium, anhand dessen gewisse wirtschaftspolitische Richtungen auf ihre praktischen Vorzüge hin getestet und beurteilt werden können, anzuwenden. Der Versuch ist von vorneherein zum Scheitern verurteilt. Die Theoretiker, die mit den Gesetzen der klassischen Ökonomie aufwuchsen, verurteilen das Planen prinzipiell als das Eindringen irrationaler Momente in rationale ökonomische Prozesse; so lehnen es die Planer z. B. ab, sich in ihrer Preispolitik durch das Gesetz von Angebot und Nachfrage binden zu lassen; im Fall der Planung, so heißt es, können die Preise keine rationale Basis haben. Es mag schon stimmen, daß sich die Planer oft irrational und somit närrisch aufführen. Aber man darf sie nicht anhand des Kriteriums der alten „ökonomischen Rationalität", das aus der klassischen Ökonomie stammt, beurteilen. Ich für meinen Teil sympathisiere eher mit dem anderen Argument, daß die unkontrollierte, unorganisierte freie Wirtschaft ihrem Wesen nach irrational war und daß die Planwirtschaft ein Versuch ist, die „ökonomische Rationalität" in den Prozeß einzuführen. Ich will im Moment damit nur sagen, daß es unmöglich ist, einen abstrakten und übergeschichtlichen Maßstab aufzustellen, von dem aus die geschichtlichen Handlungen beurteilt werden können. Jede Seite würde unweigerlich in einen solchen Maßstab den spezifischen Inhalt ihrer eigenen geschichtlichen Umstände und Wünsche legen.

Darin sind diejenigen wirklich zu tadeln, die übergeschichtliche Maßstäbe oder Kriterien einzuführen versuchen, unter deren Licht man dann die historischen Ereignisse oder Situationen beurteilt — gleichviel, ob diese Maßstäbe nun von einer göttlichen Autorität abgeleitet werden, wie es die Theologen postulieren, oder von einer statischen Vernunft oder Natur, wie es die Philosophen der Aufklärung forderten. Nicht, daß in der Anwendung des Maßstabs Fehler unterliefen oder Defekte im Maßstab selber vorkämen. Der Versuch allein, einen solchen Maßstab aufzustellen, ist unhistorisch, er widerspricht dem wahren Wesen der Geschichte. Er gibt eine dogmatische Antwort auf Fragen, die der Historiker gemäß seiner Berufung immer wieder stellen muß: ein Historiker, der auf diese Fragen im voraus fertige Antworten bei der Hand hat, geht mit verbundenen Augen ans

Werk und verleugnet seine Berufung. Geschichte ist Bewegung und Bewegung heißt gleichzeitig Vergleich. Deshalb neigen die Historiker auch eher dazu, ihr moralisches Urteil in Begriffen, die einem Vergleich nahestehen, wie „fortschrittlich" und „reaktionär" auszudrücken, statt in kompromißlosen und absoluten Bezeichnungen wie „gut" und „böse"; dem liegt der Versuch zugrunde, die verschiedenen Gesellschaften oder geschichtlichen Phänomene nicht auf einen absoluten Maßstab zu beziehen, sondern sie untereinander in Beziehung zu setzen. Außerdem finden wir, wenn wir diese als absolut gesetzten und außerhalb der Geschichte stehenden Werte untersuchen, daß auch sie in der Geschichte verwurzelt sind. Daß ein bestimmter Wert oder ein Ideal zu einer bestimmten Zeit oder an einem bestimmten Ort auftaucht, erklärt sich aus den geschichtlichen Bedingungen von Raum und Zeit. Der praktische Inhalt der hypothetisch absoluten Begriffe wie Gleichheit, Freiheit, Gerechtigkeit oder Naturrecht ändert sich von Epoche zu Epoche und von Kontinent zu Kontinent. Jede Gruppe hat ihre eigenen, in der Geschichte verwurzelten Werte. Jede Gruppe schützt sich vor dem Eindringen fremder und störender Werte dadurch, daß sie sie durch schmähende Beiworte wie bourgeois und kapitalistisch oder undemokratisch und totalitär oder, noch roher, als unenglisch und unamerikanisch brandmarkt. Der von Gesellschaft und Geschichte abgelöste abstrakte Maßstab oder Wert ist, genau wie das abstrakte Individuum, eine Illusion. Der seriöse Historiker erkennt den historisch bedingten Charakter aller Werte; derjenige aber, der für seine eigenen Werte eine Objektivität hinter der Geschichte beansprucht, ist nicht ernst zu nehmen. Unsere Glaubenssätze wie unsere Maßstäbe der Beurteilung sind Teil der Geschichte, sie sind der historischen Forschung ebenso unterworfen wie jeder andere Aspekt des menschlichen Verhaltens. Heutzutage werden wohl nur wenige Disziplinen der Wissenschaft — am wenigsten aber die Sozialwissenschaften — Anspruch auf totale Unabhängigkeit erheben. Aber die Geschichte steht zu nichts außerhalb ihrer selbst in einem grundsätzlichen Abhängigkeitsverhältnis und unterscheidet sich somit nicht von den anderen Wissenschaften.

Lassen Sie mich jetzt zusammenfassen, was ich über den Anspruch der Geschichte, zu den Wissenschaften gerechnet zu werden, zu sagen versuchte. Das Wort Wissenschaft bezeichnet eine solche Vielzahl verschiedener Wissenszweige, die so viele verschiedene Methoden und Verfahrensweisen anwenden, daß die Last des Beweises doch wohl eher denen zufällt, die die Geschichte auszuschließen versuchen, als denen, die sie einbeziehen möchten. Es ist aufschlußreich, daß die Argumente für eine Ausklammerung der Geschichte aus dem Bereich der Wissenschaft nicht von Wissenschaftlern vorgebracht werden, die ängstlich darauf bedacht wären, die Historiker von ihrer erlesenen Gesellschaft auszuschließen, sondern von Historikern und Philosophen, die die Rolle der Geschichte als Zweig der *litterae humaniores* um jeden Preis verteidigen möchten. Der Streit spiegelt das Vorurteil der alten Unterscheidung zwischen der klassischen Philologie und der Wissenschaft, wobei man die klassische Philologie als Repräsentantin der umfassenden Bildung der herrschenden Klasse, die Wissenschaft hingegen als die Geschicklichkeit der Techniker, die ihr dienten, ansah. Die Bezeichnungen „klassische Philologie" und „humanistisch" sind in diesem Zusammenhang ihrerseits Überbleibsel dieses altehrwürdigen Vorurteils; und der Umstand, daß die Antithese zwischen Wissenschaft und Geschichte in jeder Sprache außer der englischen sinnlos ist, legt den besonderen insularen Charakter dieses Vorurteils nahe. Dagegen, daß man sich weigert, Geschichte als Wissenschaft anzusehen, habe ich grundsätzlich einzuwenden, daß damit der Zwiespalt zwischen den sogenannten „two cultures" gerechtfertigt und fortgesetzt wird. Er ist seinerseits ein Produkt dieses alten Vorurteils, das auf einer Klassenstruktur der englischen Gesellschaft beruht, die der Vergangenheit angehört; und ich für meinen Teil bin nicht davon überzeugt, daß der Abgrund, der den Historiker vom Biologen trennt, tiefer oder unüberbrückbarer ist als der zwischen dem Geologen und dem Physiker. Aber man kann m. E. den Zwiespalt nicht dadurch aufheben, daß man den Historikern die Grundlagen der Wissenschaft oder den Wissenschaftlern elementare Geschichte beibringt. Das ist eine Sackgasse, in die wir durch verworrenes Denken geraten sind. Schließlich tun das nicht einmal die Wissenschaftler. Ich habe z. B. noch nie gehört, daß Ingenieure Grundvorlesungen über Botanik besuchen müßten.

Um all dem entgegenzuwirken, würde ich eine Hebung des Niveaus innerhalb der Geschichtsforschung vorschlagen, sie müßte, wenn ich mich so ausdrücken darf, wissenschaftlicher werden, und wir müßten höhere Anforderungen an die stellen, die ihr obliegen. An dieser Universität geht allem Anschein nach zuweilen die Meinung um, Geschichte als akademische Disziplin sei ein Tummelplatz für alle, die die alten Sprachen zu schwierig und die Naturwissenschaften zu streng finden. Ich möchte Ihnen aber in diesen Vorlesungen u. a. den Eindruck vermitteln, daß die Geschichte bei weitem schwieriger ist als die alten Sprachen und nicht weniger gewichtig als jede andere Wissenschaft. Mein Vorschlag würde jedoch bei den Historikern selber einen stärkeren Glauben an ihr eigenes Tun erfordern. Sir Charles Snow stieß kürzlich in einer Vorlesung über dieses Thema auf einen interessanten Punkt, als er dem „kecken" Optimismus des Wissenschaftlers die „gedämpfte Stimme" und die „antisoziale Gefühlseinstellung" des — wie er es nannte — literarischen Intellektuellen[97] gegenüberstellte. Einige Historiker — und noch mehr unter denen, die über Geschichte schreiben, ohne Historiker zu sein — gehören dieser Kategorie der „literarischen Intellektuellen" an. Sie sind mit der Feststellung, Geschichte sei keine Wissenschaft, und der Erklärung, was sie nicht sein oder tun könne und solle, so vollauf beschäftigt, daß sie für ihre Leistungen und Möglichkeiten gar keine Zeit mehr haben.

Ein anderes Mittel, den Zwiespalt zu lösen, besteht darin, das Verständnis für die Identität des Ziels, das Wissenschaftler und Historiker anstreben, zu vertiefen, und darin liegt u. a. auch der Wert des neuen und anwachsenden Interesses für die Geschichte und Philosophie der Wissenschaft. Wissenschaftler, Sozialwissenschaftler und Historiker haben es alle nur mit den verschiedenen Zweigen ein und desselben Studiums zu tun: dem Studium des Menschen und seiner Umwelt, der Wirkung des Menschen auf seine Umgebung und der der Umgebung auf den Menschen. Das Ziel dieses Studiums ist immer dasselbe: es geht darum, das Verständnis des Menschen für seine Umgebung und damit seine Herrschaft über sie zu vergrößern. Im einzelnen weichen die Voraussetzungen und Methoden der Physiker, Geologen, Psychologen und Historiker stark voneinander ab; ich möchte auch keineswegs behaupten, daß sich der Historiker, um wissenschaftlicher zu sein, enger an die Methoden der Physik halten müßte. Aber Historiker und Physiker stimmen in dem fundamentalen Anliegen, Erklärungen zu suchen, und in dem grundsätzlichen Vorgehen anhand von Frage und Antwort überein. Der Historiker ist, wie jeder andere Wissenschaftler auch, ein Wesen, das unaufhörlich nach dem Warum fragt. In meiner nächsten Vorlesung werde ich die verschiedenen Weisen, wie er die Frage stellt und zu beantworten sucht, untersuchen.

IV

ÜBER DAS VERHÄLTNIS VON URSACHE UND WIRKUNG IN DER GESCHICHTE

Wenn man Milch in einem Kochtopf zum Kochen zusetzt, kocht sie über. Ich weiß nicht warum das so ist und wollte es auch nie wissen; wenn man mir sehr zusetzte, würde ich die Neigung der Milch, überzukochen, als Erklärung anführen, was zwar stimmt, aber nichts erklärt. Aber schließlich bin ich auch kein Naturwissenschaftler. In gleicher Weise kann man auch über die Ereignisse der Vergangenheit lesen oder sogar schreiben, ohne wissen zu wollen, warum sie eintraten; man kann sich mit einer Erklärung wie der, daß es zum Zweiten Weltkrieg kam, weil Hitler den Krieg wollte, zufriedengeben, was zwar stimmt, aber nichts erklärt. Aber man sollte dann nicht den Schnitzer begehen, sich einen Geschichtsstudenten oder Historiker zu nennen. Das Studium der Geschichte ist ein Studium der Ursachen. Der Historiker stellt, wie ich am Ende meiner letzten Vorlesung schon sagte, immer wieder die Frage nach dem Warum; und er kann sie, solange er noch auf eine Antwort hofft, nicht aufgeben. Ein großer Historiker — vielleicht sollte ich allgemeiner sagen, ein großer Denker — ist derjenige, der bei allem Neuen und in jedem neuen Zusammenhang nach dem Warum fragt.

Herodot, der Vater der Geschichte, definiert zu Beginn seines Werkes sein Ziel folgendermaßen: das Andenken an die Taten der Griechen und Barbaren zu erhalten, „und vor allem anderen, den Grund ihrer gegenseitigen Kämpfe anzugeben." Er fand in der alten Welt nur wenig Schüler: sogar dem Thukydides hat man vorgeworfen, er habe keine klare Konzeption des Kausalitätsprinzips besessen.[98] Aber als man im 18. Jahrhundert begann, die Grundlagen der modernen Geschichtsschreibung zu legen, ging Montesquieu in seinem Werk *Ursachen der Größe und des Verfalls der Römer* von dem Grundgedanken aus, daß „es in jeder Monarchie allgemeine Ursachen moralischer oder physischer Art gebe, die ihr zum Aufstieg verhelfen, sie erhalten oder stürzen", und daß „alles, was sich ereignet, diesen Ursachen unterworfen ist". Ein paar Jahre später entwickelte und verallgemeinerte er diese Idee in seinem *Esprit des lois*. Die Annahme, so heißt es, daß „ein blindes Schicksal alles, was wir in der Welt sehen, hervorgebracht habe", sei absurd. Die Menschen würden „nicht einzig von den Eingebungen ihrer Laune" beherrscht; ihr Verhalten folge bestimmten Gesetzen oder Prinzipien, die sich aus der Natur der Dinge herleiteten [99]. Für die nächsten 200 Jahre waren Historiker und Geschichtsphilosophen eifrig mit dem Versuch beschäftigt, den Erfahrungsschatz der Menschheit zu ordnen, indem sie Ursachen und Gesetze der historischen Ereignisse aufzuzeigen versuchten. Manchmal sprach man von diesen Ursachen und Gesetzen in mechanischen, manchmal in biologischen oder metaphysischen, manchmal in ökonomischen oder psychologischen Fachausdrücken. Die Doktrin aber, daß Geschichte eine Anordnung der historischen Ereignisse nach Ursache und Wirkung sei, stand fest. „Was soll uns denn das", schrieb Voltaire in seinem Artikel über die Geschichte, den er für die Enzyklopädie verfaßte, „wenn man uns weiter nichts zu sagen hat, als daß an den Ufern des Oxus und Jaxartes ein Barbar auf den anderen folgte?" In den letzten Jahren hat diese Auffassung einige Abänderungen erfahren. Heutzutage sprechen wir — aus Gründen, die ich in meiner letzten Vorlesung besprochen habe — nicht mehr von historischen „Gesetzen", und sogar das Wort „Ursache" ist aus der Mode gekommen, teils gewisser philosophischer Zweideutigkeiten wegen, auf die ich nicht näher einzugehen brauche, teils, weil man es mit dem Determinismus in Zusammenhang brachte, wozu ich sofort Stellung nehmen werde. Deshalb sprechen auch manche Leute nicht von der „Ursache" in der Geschichte, sondern von der „Erklärung" oder „Interpretation" oder der „Logik der Situation" oder „inneren Logik der Ereignisse" (das stammt von Dicey) oder lehnen auch die kausale Betrachtung (warum etwas geschah) zugunsten der funktionalen Betrachtung (wie es geschah) ab, obwohl diese unweigerlich auf die Frage, wie es kam, daß es geschah und somit stracks auf die Frage nach dem Warum zurückzuführen scheint. Andere wiederum unterscheiden verschiedene Arten von Ursachen — mechanische, biologische, psychologische usw. — und halten die historischen Ursachen für eine Kategorie eigener Art. Obgleich einige dieser Unterschiede bis zu einem gewissen Grade gültig sind, dürfte es doch für unsere gegenwärtigen Zwecke ergiebiger sein, das hervorzuheben, was allen Arten von Ursachen gemeinsam ist und nicht, was sie voneinander unterscheidet. Ich für meinen Teil werde mich in der Anwendung des Wortes „Ursache" auf die gängige Bedeutung beschränken und diese besonderen Feinheiten vernachlässigen.

Beginnen wir mit der Frage, wie sich der Historiker in der Praxis verhält, wenn er sich genötigt sieht, die Ursachen gewisser Ereignisse festzustellen. Wie der Historiker dieses Problem angeht, ist für seine Arbeitsweise charakteristisch: er schreibt ein und demselben Ereignis gewöhnlich mehrere Ursachen zu. Der Wirtschaftler Marshall schrieb einmal, daß „man die Leute mit allen möglichen Mitteln davor warnen muß, die Wirkung irgendeiner Ursache zu betrachten . . ., ohne andere, deren Wirkungen sich mit ihr verquicken, in Rechnung zu ziehen"[100]. Der Examenskandidat, der auf die Frage, „Warum brach 1917 in Rußland die Revolution aus?" nur eine Ursache anzugeben wüßte, könnte sich glücklich preisen, wenn er einen Dreier bekäme. Der Historiker hat es mit einer Vielfalt von Ursachen zu tun. Fragte man ihn nach den Ursachen der bolschewistischen Revolution, so könnte er anführen: eine Reihe von militärischen Niederlagen in Rußland, den Zusammenbruch der russischen Wirtschaft unter dem Druck des Krieges, die wirksame Propaganda der Bolschewisten, den Mißerfolg der zaristischen Regierung bei dem Versuch, das Agrarproblem zu lösen, die Zusammenballung eines verarmten und ausgebeuteten Proletariats in den Fabriken Petrograds, den Umstand, daß wohl Lenin wußte, was er wollte, aber niemand auf der anderen Seite — mit einem Wort, er könnte aufs Geratewohl ökonomische, politische, ideologische und persönliche, alte und neu dazugekommene Ursachen angeben.

Damit nun kommen wir zu einem weiteren Charakteristikum für die Methode des Historikers. Der Kandidat, der sich damit zufriedengegeben hätte, als Antwort auf unsere Frage der Reihe nach ein Dutzend Ursachen für die russische Revolution aufzuzählen, und es dabei hätte bewenden lassen, könnte einen Zweier, aber schwerlich einen Einser bekommen; „gut informiert, aber phantasielos" hätte vermutlich das Urteil der Examinatoren gelautet. Der wahre Historiker würde sich angesichts dieser von ihm selbst zusammengestellten Ursachenreihe von Berufs wegen dazu genötigt sehen, sie in eine Ordnung zu bringen, eine Hierarchie der Ursachen aufzustellen, durch die ihr Verhältnis zueinander festgelegt würde; vermutlich würde er auch feststellen wollen, welche Ursache oder Kategorie von Ursachen „in letzter Instanz" oder „in der Endanalyse" (Lieblingsausdrücke der Historiker) als die letzte Ursache, die Ursache der Ursachen zu betrachten wäre. Darin liegt die Interpretation seines Themas; man erkennt den Historiker an den Ursachen, die er anführt. Gibbon schrieb den Aufstieg und Fall des römischen Imperiums dem Triumph der Barbarei und der Religion zu. Die englischen Whighistoriker des 19. Jahrhunderts schrieben das Anwachsen von Macht und Wohlstand in Großbritannien der Entwicklung der politischen Institutionen zu, die die Prinzipien der konstitutionellen Freiheit verkörpern. Die Ansichten Gibbons und der englischen Historiker des 19. Jahrhunderts erscheinen uns heute altmodisch, weil sie die wirtschaftlichen Ursachen, die die modernen Historiker in den Vordergrund gerückt haben, nicht berücksichtigten. Jedes historische Argument dreht sich um die Frage, welchen Ursachen der Vorrang zukommt.

Henri Poincaré schreibt in dem Werk, das ich schon in meiner letzten Vorlesung angeführt habe, daß die Wissenschaft gleichzeitig auf „Mannigfaltigkeit und Vielschichtigkeit" und auf „Einheit und Einfachheit" zu fortschreite und daß dieser dualistische und anscheinend widersprüchliche Prozeß notwendige Bedingung des Wissens sei.[101] Das gilt ebensogut für die Geschichte. Der Historiker häuft, während er seine Untersuchung ausdehnt und vertieft, ständig neue Antworten auf die Frage nach dem *Warum* an. Die Forschungsergebnisse der Wirtschafts-, Sozial-, Kultur- und Rechtsgeschichte — ganz zu schweigen von den neuen Einsichten in die komplexen Zusammenhänge der politischen Geschichte und die neuen Verfahrensweisen der Psychologie und Statistik — haben in den letzten Jahren Zahl und Tragweite unserer Antworten unerhört erweitert. Mit folgender Beobachtung gab Bertrand Russell eine genaue Beschreibung der Situation in der Geschichtsforschung: „... jeder Fortschritt der Naturwissenschaften entfernt uns weiter von jenen groben uniformen Abfolgen, die man zuerst beobachtete, und führt zu einer immer stärkeren Differenzierung des Antezedens und des Konsequens und dazu, daß sich der Kreis der Antezedentien, die als bedeutungsvoll erkannt werden, ständig erweitert."[102] Aber da der Historiker die Vergangenheit verstehen möchte, ist er ähnlich wie der Wissenschaftler gezwungen, gleichzeitig die Mannigfaltigkeit seiner Antworten zu vereinfachen, eine bestimmte Antwort einer anderen unterzuordnen, um so eine gewisse Ordnung und Einheitlichkeit in das Chaos der Ereignisse und besonderen Ursachen einzuführen. Formulierungen wie „ein Gott, ein Gesetz, ein Element und ein weitentferntes göttliches Ereignis" oder Henry Adams Suche nach „irgendeiner großen Verallgemeinerung, die mit dem Geschrei von der eigenen Bildung aufräumen würde"[103], muten uns heutzutage wie altmodische Witze an. Der Umstand jedoch, daß der Historiker mit dem Mittel der Vereinfachung wie auch mit dem der Häufung der Ursachen arbeiten muß, bleibt bestehen. Der Fortschritt der Geschichtsforschung liegt, wie der der Wissenschaft, in diesem dualistischen und anscheinend widersprüchlichen Prozeß.

An diesem Punkt wende ich mich widerstrebend zwei interessanten Ablenkungsmanövern zu, denen wir auf unserem Weg begegnen — das eine trägt das Etikett „Determinismus in der Geschichte; oder Hegels Verruchtheit", das andere „Zufall in der Geschichte; oder die Nase der Kleopatra". Zunächst möchte ich mich kurz darüber auslassen, wieso wir ihnen hier begegnen. Professor Karl Popper, der in Wien in den dreißiger Jahren ein gewichtiges Werk über die neue Mode in der Wissenschaft schrieb, das kürzlich unter dem Titel *The Logic of Scientific Enquiry* ins Englische übersetzt wurde, brachte während des Krieges zwei populäre Bücher in englischer Sprache heraus: *Die offene Gesellschaft und ihre Feinde* und *The Poverty of Historicism*.[104] Sie sind durch eine starke gefühlsmäßige Reaktion gegen Hegel gekennzeichnet, der zusammen mit Plato als geistiger Vorfahr des Nazismus behandelt wird, und gegen den recht seichten Marxismus, der um 1930 das intellektuelle Klima der britischen Linken bestimmte. Popper wählte vor allem die angeblich deterministischen Geschichtsphilosophien von Hegel und Marx als Zielscheibe, die er unter dem Schimpfnamen „Historicism"[105] zusammenfaßte. 1954 veröffentlichte Isaiah Berlin seinen Essay über *Historical Inevitability*. Er ließ den Angriff gegen Plato fallen, vielleicht aus einem Rest von Respekt für diesen ehrwürdigen Pfeiler der Universität Oxford[106]; und er erweitert die Anklage um ein Argument, das sich bei Popper nicht findet: er meint, der „Historismus" eines Hegel und Marx biete Anlaß zu Angriffen, weil er die menschlichen Handlungen mit kausalen Begriffen erkläre, dadurch die menschliche Willensfreiheit implicite verneine und somit also die Historiker ermuntere, sich ihrer angeblichen Verpflichtung, von der ich schon in meiner letzten Vorlesung gesprochen habe, zu entziehen: nämlich ein moralisches Strafgericht über historische Figuren wie Karl den Großen, Napoleon und Stalin abzuhalten. Im übrigen hat sich nicht viel geändert. Aber Isaiah Berlin ist verdientermaßen ein populärer und vielgelesener Autor. Während der letzten fünf oder sechs Jahre hat fast jeder, der in England oder in den USA einen Artikel über Geschichte oder sogar eine ernsthafte Besprechung eines historischen Werkes geschrieben hat, mit listigem Blinzeln auf Hegel und Marx und den Determinismus angespielt und hervorgehoben, wie absurd es sei, die Rolle des Zufalls in der Geschichte zu verkennen. Es ist vielleicht unfair, Isaiah Berlin für seine Schüler verantwortlich zu machen. Er verdient, sogar wenn er Unsinn redet, unsere Nachsicht, da er ihn recht einnehmend und anziehend vorzubringen weiß. Die Schüler wiederholen den Unsinn, verstehen aber nicht, ihn anziehend zu machen. Auf jeden Fall ist das alles nicht neu. Charles Kingsley, nicht gerade der distinguierteste unserer Regius-Professoren für moderne Geschichte, der Hegel wahrscheinlich nie gelesen und von Marx nie etwas gehört hatte, sprach 1860 in seiner Inauguralvorlesung von der „mysteriösen Macht des Menschen", „die Gesetze seines eigenen Seins zu brechen", als Beweis dafür, daß es in der Geschichte keine „unumgänglichen Folgen" geben könne.[107] Glücklicherweise war Kingsley inzwischen in Vergessenheit geraten. Erst Professor Popper und Isaiah Berlin haben gemeinsam dieses stocktote Pferd wieder zu einem Schimmer von Leben gepeitscht; und es wird nun einiger Geduld bedürfen, mit der Verwirrung wieder aufzuräumen.

Ich will mich also zunächst dem Determinismus zuwenden, den ich — hoffentlich unbestritten — als den Glauben definieren kann, daß alles, was geschieht, eine oder mehrere Ursachen hat und sich nicht anders hätte zutragen können, es sei denn, in der oder den Ursachen hätte sich ebenfalls etwas geändert.[108] Der

Determinismus ist kein Problem der Geschichte, sondern eines des gesamten menschlichen Verhaltens. Der Mensch, dessen Handlungen keine Ursache haben und somit nicht determiniert sind, ist eine Abstraktion wie das außerhalb der Gesellschaft stehende Individuum, über das wir in einer vorhergehenden Vorlesung schon gesprochen haben. Professor Poppers Behauptung, daß „in den menschlichen Bereichen alles möglich ist"[109], ist entweder sinnlos oder falsch. Niemand wird im täglichen Leben so etwas glauben wollen und können. Der Satz vom zureichenden Grund ist eine Bedingung für unser Verständnis dessen, was um uns her vor sich geht.[110] Kafkas Romane und Erzählungen erscheinen uns wie ein Alptraum, weil das Geschehen keine deutlich greifbare oder auch nur irgendwie feststellbare Ursache hat: das führt zur totalen Auflösung der menschlichen Persönlichkeit, die auf der Voraussetzung beruht, daß Ereignisse Ursachen haben und daß sich von den Ursachen so viele feststellen lassen, daß sich der menschliche Geist ein genugsam zusammenhängendes Gewebe aus Vergangenheit und Gegenwart als Richtschnur für seine Handlungen aufbauen kann. Ohne die Voraussetzung, daß das menschliche Verhalten von Ursachen bestimmt wird, die man im Grund nachweisen kann, wäre das tägliche Leben unmöglich. Vor langer Zeit hielten es manche Leute für eine Blasphemie, die Ursachen der Naturerscheinungen zu erforschen, da diese, so meinten sie, offensichtlich vom göttlichen Willen geleitet würden. Isaiah Berlins Einwand gegen den Versuch, die Ursachen der menschlichen Handlungen zu erklären – was wir nur auf Grund der Annahme, diese Handlungen würden vom menschlichen Willen bestimmt, unternehmen können — gehört genau demselben Gedankenbereich an und weist vielleicht darauf hin, daß sich die Sozialwissenschaften heute auf derselben Entwicklungsstufe befinden wie die Naturwissenschaft zu der Zeit, als man ihr diese Art Argumente vorhielt.

Wollen wir doch einmal sehen, wie wir dieses Problem im Alltag anpacken. Nehmen wir einmal an, es gehörte zu Ihren täglichen Gepflogenheiten, daß Sie Schmidt treffen. Sie begrüßen ihn mit einer freundlichen, aber nichtssagenden Bemerkung über das Wetter oder über den Stand der Fakultäts- oder Universitätsangelegenheiten; er antwortet Ihnen mit einer ebenso freundlichen und nichtssagenden Bemerkung über das Wetter oder den

Geschäftsstand. Aber nehmen wir einmal an, eines Morgens würde Schmidt, statt Ihre Bemerkung auf gewohnte Weise zu erwidern, in heftige Schmähreden über Ihre persönliche Erscheinung ausbrechen. Würden Sie die Schultern zucken und in dem Vorfall den überzeugenden Beweis für Schmidts Willensfreiheit sehen oder auch für den Umstand, daß in den menschlichen Angelegenheiten alles möglich ist? Ich vermute, daß Sie das nicht tun würden. Sie würden im Gegenteil wahrscheinlich sagen: „Armer Schmidt! Sie wissen doch, daß sein Vater in einer Nervenheilanstalt starb", oder „Armer Schmidt, er wird wieder mit seiner Frau Ärger gehabt haben" oder dergl. mehr. Mit anderen Worten, Sie würden versuchen, Schmidts anscheinend grundlosem Benehmen auf den Grund zu kommen in der festen Überzeugung, daß es da doch wohl einen Grund geben müsse. Damit würden Sie sich, fürchte ich, den Zorn von Isaiah Berlin zuziehen, der sich bitterlich beschweren würde, daß Sie mit einer kausalen Erklärung für Schmidts Verhalten dem Determinismus von Hegel und Marx auf den Leim gekrochen seien und sich nun vor der Verpflichtung, Schmidt als ungebildeten Menschen zu verurteilen, drückten. Indessen fällt es keinem Menschen ein, im Alltag diese Auffassung zu vertreten oder anzunehmen, daß es entweder um Determinismus oder moralische Verantwortung geht. Das logische Dilemma von Willensfreiheit und Determinismus tritt im wirklichen Leben nicht auf. Es stimmt nicht, daß einige menschliche Handlungen frei, andere determiniert sind. Tatsache ist, daß alle menschlichen Handlungen sowohl frei als auch determiniert sind, je nachdem, unter welchem Gesichtspunkt man sie betrachtet. Die praktische Frage lautet also noch einmal anders. Schmidts Benehmen hatte eine oder mehrere Ursachen; da es jedoch nicht durch äußeren Zwang, sondern durch innere persönliche Nötigung verursacht wurde, war er moralisch dafür verantwortlich, da es zu den Grundregeln des sozialen Lebens gehört, daß normale erwachsene Menschen die moralische Verantwortung für ihre eigene Person tragen. Ob Sie ihn für diesen bestimmten Fall verantwortlich machen wollen oder nicht, ist Ihrem praktischen Urteil anheimgegeben. Aber selbst wenn Sie ihn dafür verantwortlich machen, heißt das nicht, daß Sie meinen, sein Verhalten hätte keinen Grund: Ursache und moralische Verantwortung sind zwei verschiedene Kategorien. Vor kurzem wurden an dieser Universität ein Institut und Lehrstuhl für Kriminologie errichtet. Ich bin überzeugt, daß es denjenigen, die sich damit beschäftigen, die Ursachen von Verbrechen aufzudecken, nicht im Traum einfallen würde, anzunehmen, daß sie damit die moralische Verantwortung des Verbrechers verneinen müßten.

Wir wollen uns nun wieder dem Historiker zuwenden. Er glaubt, wie die gewöhnlichen Sterblichen, daß die menschlichen Handlungen Ursachen haben, die im Prinzip feststellbar sind. Geschichtsforschung wie alltägliches Leben wären ohne diese Voraussetzung undenkbar. Die besondere Aufgabe des Historikers liegt sogar darin, diese Ursachen ausfindig zu machen. Man möchte meinen, er müßte gerade deshalb besonders daran interessiert sein, das menschliche Verhalten unter deterministischem Gesichtspunkt zu betrachten: er lehnt indessen die Willensfreiheit nicht ab — abgesehen von der unhaltbaren Hypothese, daß willentliche Handlungen keine Ursache haben. Die Frage nach der Unvermeidbarkeit berührt ihn nicht weiter. Nur kommt es manchmal vor, daß die Historiker — wie andere Leute auch — der Rhetorik verfallen und einen Vorfall „unvermeidlich" nennen, um damit auszudrücken, daß die Konstellation der Faktoren, die ihn erwarten ließen, überwältigend zwingend war. Kürzlich erst durchsuchte ich meine eigenen Geschichtswerke nach dem anstößigen Wort; leider kann ich meine Hände nicht ganz in Unschuld waschen: so schrieb ich an einer Stelle, daß nach der Revolution von 1917 ein Zusammenstoß zwischen den Bolschewisten und der orthodoxen Kirche „unvermeidlich" war. Zweifelsohne wäre die Formulierung „außerordentlich wahrscheinlich" klüger gewesen. Aber wird man nicht Nachsicht mit mir haben, wenn ich die Verbesserung ein bißchen pedantisch finde? In der Praxis nehmen die Historiker nicht an, daß Ereignisse unvermeidlich sind, solange sie nicht eingetreten sind. Ausgehend von der Voraussetzung, daß eine Entscheidung möglich war, sprechen sie häufig von den anderen Möglichkeiten, die den Akteuren in der Geschichte offengestanden hatten, um dann allerdings ganz korrekterweise die Erklärung anzuschließen, warum die Wahl schließlich auf eine ganz bestimmte Möglichkeit und nicht auf eine andere fiel. In der Geschichte ist nichts unvermeidlich, es sei denn in dem formalen Sinn, daß ein anderer Verlauf anderer Ursachen bedurft hätte. Als Historiker bin ich durchaus bereit, ohne Worte wie „unvermeidlich", „unumgänglich", „unvermeidbar" oder auch „unentrinnbar" auszukommen. Das Leben wird dadurch eintöniger. Trotzdem wollen wir aber diese Ausdrücke dem Dichter und Metaphysiker überlassen.

Der Angriff gegen die Unvermeidbarkeit scheint so unfruchtbar und witzlos, die Vehemenz, mit der er in den letzten Jahren vorgebracht wurde, so groß, daß es mir angebracht erscheint, die verborgenen Gründe dafür aufzusuchen. Er entspringt, wie ich vermute, in erster Linie einer gedanklichen oder vielmehr gefühlsmäßigen Haltung des „Es-hätte-auch-anders-kommen-können" — wie ich sie nennen möchte. Er richtete sich fast ausschließlich gegen die zeitgenössische Geschichte. So war ich im letzten Semester hier in Cambridge zu einer Diskussion zu dem Thema „War die russische Revolution unvermeidbar?" eingeladen. Sicher beabsichtigte man ein durchaus ernstzunehmendes Gespräch. Aber wenn Sie eine Ankündigung mit dem Titel „Waren die Rosenkriege unvermeidbar" gesehen hätten, würden Sie sofort einen Ulk dahinter vermutet haben. Der Historiker schreibt über die normannische Eroberung oder über den amerikanischen Unabhängigkeitskrieg, als ob das, was geschah, tatsächlich hätte geschehen müssen; er tut es in einer Weise, als ginge ihn außer der Erklärung des Was und Warum nichts weiter an; und kein Mensch macht ihm den Vorwurf, er sei Determinist und habe die Alternative, nämlich die Möglichkeit einer Niederlage Wilhelm des Eroberers oder der amerikanischen Aufständischen übersehen. Aber wenn ich in genau derselben Weise — sie ist für einen Historiker die einzig vertretbare — über die russische Revolution von 1917 schreibe, beschuldigen mich meine Kritiker, ich hätte implicite das Geschehene als etwas hingestellt, was geschehen mußte, und versäumt, alle die anderen Dinge, die hätten geschehen können, zu untersuchen. Nehmen wir einmal an, heißt es da, Stolypin hätte die Zeit gehabt, seine Agrarreform durchzuführen, oder Rußland wäre nicht in den Krieg eingetreten, vielleicht wäre es dann nicht zur Revolution gekommen; oder nehmen wir an, das Kerenski-Regime hätte sich bewährt und die Menschewisten oder die Sozialrevolutionäre hätten anstelle der Bolschewisten die Führung der Revolution an sich gerissen. Theoretisch steht diesen Annahmen nichts im Weg, ohne weiteres kann man mit diesen Überlegungen, „wie es auch hätte sein können", ein Gesellschaftsspiel veranstalten. Aber sie haben nichts mit dem Determinismus zu tun, denn auch der Determinist wird nur antworten: damit dies hätte geschehen können, hätte es auch anderer Ursachen bedurft. Auch mit der Geschichte haben sie nichts zu tun. Kein Mensch wünscht sich heute ernsthaft, daß der normannische Eroberungszug oder der amerikanische Unabhängigkeitskrieg anders ausgegangen wäre, niemand möchte herzhaft gegen diese Ereignisse protestieren, und so hat kein Mensch etwas dagegen einzuwenden, daß der Historiker sie als ein abgeschlossenes Kapitel behandelt. Und da liegt nämlich der Hase im Pfeffer. Denn die Leute, die direkt oder indirekt unter den Ergebnissen des bolschewistischen Siegel gelitten haben oder seine späteren Folgen fürchten, wollen ihren Protest laut werden lassen; das äußert sich darin, daß sie sich bei der Lektüre geschichtlicher Werke im freien Spiel der Phantasie all den angenehmeren Dingen, die auch möglich gewesen wären, überlassen und gegen den Historiker aufgebracht sind, der ruhig seiner Aufgabe nachgeht, nämlich zu erklären, was geschah und warum ihre angenehmen Tagträume unerfüllt blieben. Die Zeitgeschichte krankt daran, daß sich die Leute der Zeit, da alle Möglichkeiten noch offenstanden, wohl erinnern und deshalb Schwierigkeiten haben, sich die Einstellung des Historikers, für den diese durch den *fait accompli* abgetan sind, zu eigen zu machen. Das ist eine rein gefühlsmäßige und unhistorische Reaktion. Aber sie hat das meiste Öl ins Feuer der vor kurzem gestarteten Kampagne gegen die angebliche Doktrin der „Historischen Unvermeidbarkeit" gegossen. Wir wollen uns dieses Mißverständnisses ein für allemal entledigen.

Die andere Quelle, aus der sich dieser Angriff speist, ist die berühmte Krux von Kleopatras Nase, d. h. die Theorie, welche besagt, Geschichte sei im großen und ganzen ein Kapitel von Zufällen, eine Reihe durch zufällige Koinzidenzen determinierter Ereignisse, und somit lediglich rein zufälligen Ursachen zuzuschreiben. Die Schlacht von Actium sei nicht durch die Art Ursachen, die die Historiker gewöhnlich postulieren, sondern durch die Tatsache, daß der Antonius von der Kleopatra betört war, entschieden worden. Gibbon bemerkt zu dem Umstand, daß ein Gichtanfall Bajazet daran hinderte, in Zentraleuropa einzufallen: „Beißende Säfte, die eine einzige Fiber eines einzigen Mannes befallen, können das Elend ganzer Völker aufschieben oder vereiteln".[111] Als König Alexander von Griechenland im Herbst 1920 am Biß eines zahmen Affen starb, löste dieser Unfall eine Anzahl von Ereignissen aus, die Sir Winston Churchill zu der Bemerkung veranlaßten, daß „eine Viertelmillion Personen am Biß dieses Affen starben".[112] Oder nehmen wir Trotzkis Kommentar zu dem Fieber, das er sich bei einer Entenjagd zugezogen hatte und das ihn im Herbst 1923, als sein Streit mit Sinowjew, Kamenew und Stalin einen kritischen Punkt erreicht hatte, außer Gefecht setzte: „Man kann Revolution und Krieg voraussehen. Man kann aber die Folgen einer herbstlichen Jagd auf Enten nicht voraussehen."[113] Zuallererst muß klargestellt werden, daß diese Frage nichts mit der Streitfrage des Determinismus zu tun hat. Antonius' Liebestollheit für Kleopatra oder Bajazets Gichtanfall oder Trotzkis fieberische Erkältung waren ebenso kausal determiniert wie alles andere Geschehen auch. Die Annahme, Antonius' Betörtsein hätte keinen Grund gehabt, ist eine unnötige Unhöflichkeit gegenüber Kleopatras Schönheit. Der Zusammenhang zwischen weiblicher Schönheit und männlichem Betörtsein ist eine der regelmäßigsten Abfolgen von Ursache und Wirkung, die man im täglichen Leben beobachten kann. Diese sogenannten Zufälle in der Geschichte stellen eine Folge von Ursache und Wirkung dar, die die Abfolge, mit der es die Forschung des Historikers in erster Linie zu tun hat, unterbricht, sozusagen mit ihr zusammenstößt. Bury spricht ganz zu Recht von einer „Kollision zweier voneinander unabhängiger kausaler Ketten".[114] Isaiah Berlin, der zu Beginn seines Essays über *Historical Inevitability* einen Artikel von Bernard Berenson über die Rolle des Zufalls in der Geschichte lobend erwähnt, gehört zu den Leuten, die einen Zufall dieser Art und das Fehlen kausaler Determiniertheit nicht auseinanderhalten können. Aber ganz abgesehen von dieser Verwirrung handelt es sich hier um ein wirkliches Problem. Wie kann man in der Geschichte eine zusammenhängende Kette von Ursache und Wirkung entdecken, wie können wir in der Geschichte irgendeinen Sinn sehen, wenn die von uns ins Auge gefaßte Kette möglicherweise zu jedem beliebigen Zeitpunkt von einer anderen, für unsere Auffassung irrelevanten, gebrochen oder abgebogen werden kann?

Wir könnten hier für eine Weile innehalten und uns nach dem Ursprung dieser seit kurzem weitverbreiteten Meinung, die mit solchem Nachdruck auf die Rolle des Zufalls in der Geschichte hinweist, umsehen. Polybius scheint der erste Historiker gewesen zu sein, der sich damit einigermaßen systematisch auseinandersetzte, und Gibbon entdeckte uns unverzüglich den Grund dafür. Er schreibt: „Die Griechen schrieben, nachdem ihr Land zu einer Provinz reduziert worden war, den Triumph Roms nicht dem Verdienst, sondern dem Glück der Republik zu."[115] Tacitus, ebenfalls ein Historiker, der über den Verfall seines Vaterlandes schrieb, gab sich als weiterer antiker Geschichtsschreiber ausgedehnten Reflektionen über den Zufall hin. Die Rolle des Zufalls in der Geschichte wurde von neuem durch die britischen Autoren betont, als zu Beginn unseres Jahrhunderts jenes Gefühl der Unsicherheit und Beklemmung anwuchs, das dann nach 1914 deutlich hervortreten sollte. Bury scheint der erste britische Historiker gewesen zu sein, der diesen Ton nach langer Pause zum erstenmal wieder anschlug; 1909 machte er in einem Artikel über „Darwinism in History" auf „das Element der zufälligen Koinzidenz", das im großen Ausmaß „die Ereignisse in der sozialen Entwicklung mitbestimmt", aufmerksam; 1916 widmete er diesem Thema einen eigenen Artikel mit dem Titel „Die Nase der Kleopatra"[116]. H. A. L. Fisher bittet in der bereits zitierten Stelle, die seine Enttäuschung über das Scheitern der liberalen Träume nach dem ersten Weltkrieg widerspiegelt, seine Leser, „das Spiel des Zufalls und des Unvorhergesehenen" in der Geschichte anzuerkennen.[117] In England wurde die Theorie, Geschichte sei ein Kapitel der Zufälle, zu dem Zeitpunkt populär, als in Frankreich eine philosophische Schule aufkam, die predigte, die Existenz — ich zitiere Sartres berühmtes *L'Être et le néant* — habe „weder Ursache noch Vernunft noch Notwendigkeit". In Deutschland war es der seines Amts enthobene Historiker Meinecke, der gegen Ende seines Lebens — wie wir schon sagten — von der Rolle des Zufalls in der Geschichte beeindruckt wurde. Er machte Ranke den Vorwurf, zu schnell darüber hinweggegangen zu sein; und nach dem Zweiten Weltkrieg schrieb er die nationalen Mißgeschicke der letzten 40 Jahre einer Reihe von Zufällen zu: der Eitelkeit des Kaisers, der Wahl Hindenburgs zum Präsidenten der Weimarer Republik, Hitlers Besessenheit usw. — Bankrotterklärung eines großen Historikers, den der Druck der Mißgeschicke seines Vaterlandes zerstörte [118]. Man kann feststellen, daß in einer Gruppe oder Nation, die sich in einem Wellental und nicht auf der Höhe der geschichtlichen Ereignisse befindet, die Theorien vorherrschen, die die Rolle des Zufalls oder Unfalls in der Geschichte betonen. Die Ansicht, Examensergebnisse seien Lotterietreffer, wird immer bei den Kandidaten populär sein, die einen Dreier bekamen.

Die Quellen eines Glaubens aufdecken heißt jedoch noch nicht, daß man ihn auch schon in den Griff bekommt; wir müssen also erst noch genauer herausfinden, was die Nase der Kleopatra in den Annalen der Geschichte zu suchen hat. Allem Anschein nach unternahm Montesquieu als erster den Versuch, die Gesetze der Geschichte vor einem solchen Eindringling zu schützen. In seinem Werk über die Größe und den Verfall der Römer schrieb er: „Wenn eine bestimmte Ursache, wie der zufällige Ausgang einer Schlacht, einen Staat zugrunde gerichtet hat, so gab es eine allgemeine Ursache, welche bewirkte, daß der Niedergang dieses Staates aus einer einzigen Schlacht erwachsen konnte." Auch den Marxisten bereitete diese Frage Schwierigkeiten. Marx ließ sich nur einmal in einem Brief darüber aus.

„Die Weltgeschichte wäre sehr mystisch, wenn sie nicht Raum für den Zufall böte. Dieser Zufall selbst wird natürlich Teil des allgemeinen Trends der Entwicklung und erfährt durch andere Formen des Zufalls einen Ausgleich. Beschleunigung und Verzögerung hängen von solchen ‚Zufälligkeiten' ab, zu denen auch der ‚Zufalls'charakter der Individuen, die am Anfang an der Spitze einer Bewegung stehen, zählt." [119]

Marx führt also zur Verteidigung des Zufalls in der Geschichte drei Argumente an. Erstens ist er seiner Ansicht nach nicht sehr wichtig; er kann „beschleunigen" oder „verzögern", nicht aber, wie es implicite heißt, den Lauf der Ereignisse radikal ändern. Zweitens wird ein Zufall durch einen anderen wieder wettgemacht, so daß sich letzten Endes der Zufall selbst aufhebt. Drittens tritt der Zufall besonders deutlich im Charakter der Individuen zutage. [120] Trotzki untermauerte diese Theorie der sich ausgleichenden und gegenseitig aufhebenden Zufälle durch eine geistreiche Analogie:

„Allgemein gesprochen, spiegelt sich das Gesetzmäßige des gesamten historischen Prozesses im Zufälligen wider. Will man die Sprache der Biologie gebrauchen, dann kann man sagen, daß sich die historische Gesetzmäßigkeit durch die natürliche Auslese der Zufälle verwirklicht."[121]

Ich muß gestehen, daß mich diese Theorie weder zu befriedigen noch zu überzeugen vermag. Es gibt den Zufall in der Geschichte, wenn auch seine Rolle heutzutage von denjenigen, welche seine Bedeutung hervorzuheben suchen, bei weitem übertrieben wird; und die Behauptung, er beschleunige oder retardiere lediglich ohne etwas zu ändern, ist nichts als eine Wortspielerei. Außerdem sehe ich auch keinen Grund zu der Annahme, daß ein zufälliger Vorfall — sagen wir Lenins verfrühter Tod (er starb mit 54) — sich automatisch durch einen anderen Zufall ausgleicht, so daß das Gleichgewicht des historischen Prozesses wiederhergestellt wird.

Ebenso unzutreffend ist aber auch die Meinung, der Zufall in der Geschichte sei lediglich das Maß unserer Unwissenheit, nur ein Name für das, was über unseren Horizont geht.[122] Das mag manchmal durchaus der Fall sein. Die Planeten erhielten ihren Namen, der natürlich mit „Wanderer" zu übersetzen ist, zu einer Zeit, als man annahm, sie wanderten aufs Geratewohl über den Himmel, da man die Regelmäßigkeit ihrer Bewegung nicht verstand. Etwas als unglücklichen Zufall hinzustellen ist ein sehr beliebtes Mittel, sich der ermüdenden Verpflichtung, nach den Ursachen zu suchen, zu entledigen; und so neige ich, wenn mir jemand erzählt, Geschichte sei ein Kapitel der Zufälle, dazu, ihn intellektueller Faulheit und geringer intellektueller Vitalität zu verdächtigen. Ernstzunehmende Historiker weisen darauf hin, daß etwas, was man bislang als zufällig betrachtete, oft keineswegs ein Zufall war, sondern rational erklärt und sinnvoll in das ausgedehntere Gewerbe der Ereignisse eingepaßt werden kann. Aber selbst damit ist unsere Frage noch nicht ganz beantwortet. Der Zufall ist nicht einfach etwas, was über unseren Horizont geht. Man muß m. E. das Problem des Zufalls in der Geschichte auf ganz andere Weise zu lösen versuchen.

In einer früheren Vorlesung haben wir gesehen, daß Geschichte damit beginnt, daß der Historiker die Fakten durch Auswahl und Anordnung zu historischen Fakten macht. Nicht alle Fakten sind historische Fakten. Aber die Grenze zwischen historischen und nichthistorischen Fakten ist fließend und nicht ein für allemal festgelegt; jede Tatasche kann, hat man ihre Relevanz und Bedeutung einmal entdeckt, sozusagen in den Stand der historischen Tatsache erhoben werden. Und wie wir jetzt sehen, liegt der Stellungnahme des Historikers zu den Ursachen ein irgendwie ähnlicher Prozeß zugrunde. Das Verhältnis des Historikers zu den Ursachen hat denselben dualistischen und reziproken Charakter wie sein Verhältnis zu den Fakten. Die Ursachen bestimmen seine Interpretation des geschichtlichen Prozesses, und seine Interpretation bestimmt wiederum seine Auswahl und Anordnung der Ursachen. Die Hierarchie der Ursachen, die relative Bedeutung dieser oder jener Ursache oder Ursachenreihe, macht die Essenz seiner Interpretation aus. Und damit haben wir den Schlüssel zu dem Problem des Zufälligen in der Geschichte. Die Form von Kleopatras Nase, Bajazets Gichtanfall, der Affenbiß, der König Alexander tötete, der Tod Lenins — all das waren Zufälle, die den Lauf der Geschichte modifizierten. Es ist sinnlos, sie wegzaubern zu wollen oder so zu tun, als wären sie letzten Endes doch wirkungslos geblieben. Auf der anderen Seite gehören sie aber — insofern sie zufällig sind — auch nicht in die rationale Interpretation der Geschichte oder in die Hierarchie der bedeutsamen Ursachen, die der Historiker aufstellt. Professor Popper und Professor Berlin — ich ziehe sie erneut als die hervorragendsten und meistgelesenen Repräsentanten jener Schule heran — behaupten, daß jeder Versuch des Historikers, im historischen Prozeß einen Sinn zu finden und Schlüsse daraus zu ziehen, gleichbedeutend sei mit dem Versuch, „die Summe der Erfahrungen" auf eine symmetrische Ordnung zu reduzieren, und daß durch das Vorhandensein des Zufalls in der Geschichte jeder solche Versuch zum Scheitern verurteilt sei. Indessen wird sich kein vernünftiger Historiker ein derart phantastisches Unterfangen, wie „die Summe der Erfahrung" einzubeziehen, zum Ziel setzen; selbst auf seinem Spezialgebiet oder unter seinem besonderen Blickwinkel kann er nur einen winzigen Bruchteil der Fakten einfangen. Die Welt des Historikers ist, wie die Welt des Wissenschaftlers, nicht ein photographischer Abklatsch der Wirklichkeit, sondern eher ein Arbeitsmodell, das ihm ermöglicht, sie mehr oder weniger gründlich zu verstehen und zu beherrschen. Der Historiker destilliert aus den Erfahrungen der Vergangenheit, oder genauer aus den ihm zugänglichen Erfahrungen der Vergangenheit, den Teil, der ihm für die rationale Erklärung und Interpretation brauchbar scheint, und zieht Schlüsse daraus, die dem Handeln als Richtschnur dienen können. Ein seit kurzem populärer Autor beschrieb, als er von den Leistungen der Wissenschaft sprach, den menschlichen Denkvorgang recht anschaulich als einen Prozeß, bei dem der „Lumpensack der beobachteten ‚Fakten' durchstöbert, die als *relevant* befundenen Fakten ausgewählt, zusammengeschnitten und zusammengesetzt und die *irrelevanten* zurückgewiesen werden, bis eine logische und rationale Steppdecke des ‚Wissens' zusammengenäht ist"[123]. Ich würde diesen Ausspruch mit der einen Einschränkung, daß er die Gefahr eines ungebührlichen Subjektivismus enthalten kann, als Bild für die Arbeitsweise des Historikers akzeptieren.

Dieses Vorgehen mag die Philosophen und sogar einige Historiker befremden und schockieren. Aber den gewöhnlichen Sterblichen, die es mit der praktischen Seite des Lebens zu tun haben, ist es völlig vertraut. Lassen Sie mich ein Beispiel anführen. Meier kehrt von einer Party, auf der er einen über den Durst getrunken hat, in einem Auto zurück, dessen Bremsen sich als defekt erweisen. An einer Haarnadelkurve, die für ihre Unübersichtlichkeit bekannt ist, überfährt er Schmidt, der gerade über die Straße geht, um sich im Eckladen Zigaretten zu kaufen. Schmidt ist auf der Stelle tot. Nachdem der Verhau beseitigt worden ist, treffen wir uns, sagen wir, im lokalen Polizeirevier, um die Ursachen des Vorfalls zu untersuchen. Ist er dem angetrunkenen Zustand des Fahrers zuzuschreiben? In diesem Fall müßte es zu einer strafrechtlichen Verfolgung kommen. Oder waren die defekten Bremsen daran schuld? In diesem Fall wäre ein Wörtchen mit der Werkstätte zu sprechen, die erst vor einer Woche das Auto überholt hatte. Oder lag es an der Haarnadelkurve? In diesem Fall könnte man das Straßenbauamt auffordern, der Angelegenheit seine Aufmerksamkeit zuzuwenden. Während wir noch diese praktischen Fragen erörtern, platzen zwei distinguierte Herren — ich versuche nicht, sie zu identifizieren — herein und erzählen uns mit großem Wortschwall und mit viel Überzeugungskraft, daß Schmidt, wären ihm an jenem Abend nicht die Zigaretten ausgegangen, die Straße nicht überquert haben würde und also nicht getötet worden wäre; daß also Schmidts Wunsch nach Zigaretten die Ursache seines Todes sei; und daß jede Untersuchung, die diese Ursache außer acht lasse, Zeitverschwendung, und jede Folgerung, die ohne sie gezogen werde, bedeutungslos und nichtig sei. Was machen wir da? Wir drängen, sobald wir den Redestrom unterbrechen können, unsere beiden Besucher sanft, aber entschieden zur Tür, geben dem Pförtner die Weisung, sie unter keinen Umständen wieder einzulassen, und fahren mit unserer Untersuchung fort. Aber was haben wir zu den Vorstellungen der beiden Störenfriede zu sagen? Natürlich verunglückte Schmidt deshalb tödlich, weil er Zigarettenraucher war. Alles, was die Verehrer des Zufalls und der Möglichkeit in der Geschichte sagen, ist durchaus wahr und vollkommen logisch. Es ist die Art gefühlloser Logik, wie wir sie in *Alice in Wonderland* und *Through the Looking-glass* finden. Aber obwohl ich niemand in der Bewunderung für die würdigen Vertreter der Oxforder Gelehrsamkeit nachstehe, ziehe ich es doch vor, meine verschiedenen Arten von Logik in verschiedenen Fächern unterzubringen. Die Art Dodgsons ist nicht die Art der Geschichte.

Geschichte ist also ein Auswahlprozeß nach dem Gesichtspunkt der historischen Bedeutung. Geschichte ist, um mich noch einmal Talcott Parsons Ausdruck zu bedienen, „ein selektives System" nicht nur der erkennenden, sondern auch der kausalen Orientierungen gegenüber der Wirklichkeit. Wie der Historiker aus dem unendlichen Ozean der Fakten diejenigen auswählt, die für seine Zwecke bedeutsam sind, so zieht er aus der Vielzahl der Ursache-Wirkungsketten diejenigen und nur diejenigen heraus, die historisch bedeutsam sind; und das Kriterium für ihre historische Bedeutsamkeit liegt in seiner Geschicklichkeit, sie in das Gewebe der rationalen Erklärung und Interpretation einzuflechten. Andere Ursache-Wirkungsketten dagegen müssen als zufällig zurückgewiesen werden, nicht weil ihr Verhältnis zwischen Ursache und Wirkung andersgeartet wäre, sondern weil die Kette selber irrelevant ist. Der Historiker kann nichts mit ihr anfangen; sie ist für die rationale Interpretation unbrauchbar und weder für die Vergangenheit noch für die Gegenwart von Bedeutung. Es ist wahr, daß Kleopatras Nase oder Bajazets Gicht oder Alexanders Affenbißwunde oder Lenins Tod oder

Schmidts Zigarettenrauchen Folgen zeitigte. Aber es ist sinnlos, die allgemeine Behauptung aufzustellen, daß Generäle Schlachten verlieren, weil sie von schönen Königinnen betört sind, oder daß es zu Kriegen kommt, weil sich Könige Affen als Haustiere halten, oder daß Leute auf der Straße überfahren und getötet werden, weil sie Zigaretten rauchen. Sagt man dagegen dem gewöhnlichen Sterblichen, daß Schmidt zu Tode kam, weil der Fahrer betrunken war oder weil die Bremsen versagten oder weil es sich um eine unübersichtliche Stelle handelte, so wird das für ihn eine durchaus vernünftige und einleuchtende Erklärung sein; falls ihm daran gelegen wäre, feinere Unterschiede zu machen, würde er vielleicht sogar sagen, daß das und nicht Schmidts Wunsch nach Zigaretten die „wirkliche" Ursache seines Todes war. So wird auch der Geschichtsstudent, wenn er hört, die Kämpfe in der Sowjetunion in den zwanziger Jahren des 20. Jahrhunderts seien den Diskussionen um die Industrialisierung oder um die geeignetsten Maßnahmen, die Bauern zur Versorgung der Städte zum Anbau von Getreide zu veranlassen, oder sogar auch dem persönlichen Ehrgeiz der miteinander rivalisierenden Führer zuzuschreiben, fühlen, daß es sich um rationale und historisch bedeutsame Erklärungen in dem Sinn handelt, daß sie auch auf andere historische Situationen angewendet werden könnten, daß sie also im Gegensatz zu einem Zufall wie Lenins verfrühtem Tod „wirkliche" Ursachen des Geschehens sind. Er mag sich sogar, falls er zur Reflexion über solche Dinge neigt, an Hegels oft zitierten und häufig mißverstandenen Ausspruch aus der Einführung zu seiner Philosophie des Rechts erinnern, daß „alles was wirklich ist, vernünftig, und alles, was vernünftig ist, wirklich ist".

Wenden wir uns für einen Augenblick wieder den Ursachen von Schmidts Tod zu. Wir hatten ohne Schwierigkeiten erkannt, daß einige der Gründe rational und „real" waren, andere dagegen irrational und zufällig. Aber anhand welchen Kriteriums vollzogen wir die Unterscheidung? Normalerweise setzt man seine Vernunft zu irgendeinem Zweck ein. Die Intellektuellen mögen manchmal zu ihrem eigenen Vergnügen denken oder es sich doch einbilden. Im großen und ganzen jedoch verfolgen die Menschen beim Denken einen gewissen Zweck. Und als wir gewisse Erklärungen als rational, andere dagegen als nicht rational erkannten, unterschieden wir, scheint mir, zwischen Erklärungen, die einem gewissen Zweck dienten und solchen, die das nicht taten. In unserem Fall erwies sich die Annahme als sinnvoll, daß die Eindämmung der Trunksucht bei Fahrern oder eine striktere Kontrolle über den Zustand der Bremsen oder eine Verbesserung der Straßenlage dem Zweck dienen könnte, die Zahl der Verkehrsunfälle zu verringern. Die Annahme jedoch, die Zahl der Verkehrsunfälle lasse sich dadurch reduzieren, daß man die Leute vom Zigarettenrauchen abhält, wäre gänzlich sinnlos. Damit haben wir das Kriterium für unsere Unterscheidung. Dasselbe gilt für unsere Einstellung zu den Ursachen in der Geschichte. Auch hier unterscheiden wir zwischen rationalen und zufälligen Ursachen. Die rationalen führen, da sie potentiell auf andere Länder, andere Zeiten und andere Umstände angewendet werden können, zu fruchtbaren Verallgemeinerungen, aus denen man lernen kann; sie dienen dem Zweck, unser Verständnis zu erweitern und zu vertiefen.[124] Zufällige Ursachen dagegen lassen sich nicht verallgemeinern; und da sie im vollsten Umfang des Wortes einmalig sind, kann man aus ihnen weder lernen noch Schlüsse ziehen. Damit komme ich zu einem weiteren Punkt. Gerade die Vorstellung eines angestrebten Ziels liefert uns den Schlüssel dazu, wie wir die Kausalität in der Geschichte zu behandeln haben; und das führt notwendig zu Werturteilen. Die Interpretation in der Geschichte ist, wie wir in der letzten Vorlesung gesehen haben, immer mit Werturteilen verbunden, und die Kausalität hängt mit der Interpretation zusammen. Um mit Meinecke — dem „wirklichen", dem Meinecke der zwanziger Jahre — zu sprechen: „Es ist unmöglich, in der Geschichte nach Kausalitäten zu suchen, ohne sich auf Werte zu beziehen... Hinter der Suche nach Kausalitäten liegt immer, sei es direkt oder indirekt, die Suche nach Werten".[125] Und damit sind wir wieder bei dem, was ich schon früher über die dualistische und reziproke Funktion der Geschichte sagte: sie soll unser Verständnis für die Vergangenheit im Licht der Gegenwart und für die Gegenwart im Licht der Vergangenheit fördern. Alles, was zu diesem dualistischen Zweck nichts beiträgt, wie z. B. daß Antonius in Kleopatras Nase vernarrt war, ist vom Standpunkt des Historikers aus tot und unfruchtbar.

Wir sind nun an einem Punkt angelangt, wo es für mich an der Zeit ist, Ihnen etwas zu gestehen. Ich habe Ihnen einen recht schäbigen Trick gespielt; allerdings setzte er mich in die Lage, das, was ich zu sagen hatte, des öfteren zu kürzen und zu vereinfachen. Sie haben ihn gewiß durchschaut und vielleicht in freundlicher Nachsicht als eine bequeme Art Kurzschrift hingenommen. Ich habe mich bis jetzt beständig der konventionellen Phrase „Vergangenheit und Gegenwart" bedient. Aber wir alle wissen, daß die Gegenwart nur imaginär, als bloß gedachte Trennungslinie zwischen der Vergangenheit und der Zukunft existiert. Dadurch, daß ich von der Gegenwart gesprochen habe, habe ich also noch eine andere Zeitdimension ins Spiel gebracht. Es wäre, scheint mir, ein leichtes, aufzuzeigen, daß, da Vergangenheit und Zukunft Teil derselben Zeitspanne sind, das Interesse für die Vergangenheit und das Interesse für die Zukunft untereinander verbunden sind. Die Linie, die die prähistorischen und die historischen Zeiten voneinander trennt, wird überschritten, wenn die Leute aufhören, nur in der Gegenwart zu leben, und sich bewußt für ihre Vergangenheit und ihre Zukunft interessieren. Geschichte beginnt damit, daß die Tradition weitergegeben wird; und Tradition heißt, die Gebräuche und Lehren der Vergangenheit in die Zukunft hineinzutragen. Die Berichte über die Vergangenheit werden anfangs zum Wohl der zukünftigen Generationen aufgeschrieben. „Geschichtliches Denken", schreibt der holländische Historiker Huizinga, „ist immer teleologisch."[126]. Charles Snow schrieb kürzlich über Rutherford, daß „er wie alle Wissenschaftler..., fast ohne sich darüber klarzuwerden, was das bedeutet, die Zukunft in den Knochen hatte".[127] Gute Historiker haben m. E., ob sie nun darüber nachdenken oder nicht, die Zukunft in den Knochen. Neben der Frage nach dem Warum stellt der Historiker auch die Frage nach dem Wohin.

V

GESCHICHTE ALS FORTSCHRITT

Lassen Sie mich mit einem Zitat aus Professor Powickes Antrittsvorlesung beginnen, die er vor 30 Jahren hielt, als er den Regius-Lehrstuhl für moderne Geschichte an der Universität Oxford übernahm:

„Das Verlangen nach einer Interpretation der Geschichte ist so tief in uns verwurzelt, daß wir, fehlt uns ein konstruktiver Ausblick über die Vergangenheit, entweder dem Mystizismus oder dem Zynismus verfallen."[128]

„Mystizismus" wird wahrscheinlich für die Auffassung stehen, daß der Sinn der Geschichte irgendwo außerhalb ihrer selbst liegt, in den Bereichen der Theologie oder Eschatologie — eine Auffassung, die Autoren wie Berdjajew oder Niebuhr oder Toynbee vertreten.[129]

„Zynismus" umreißt eine Ansicht, für die ich schon des öfteren Beispiele zitiert habe und die besagt, Geschichte habe keinen Sinn oder eine Vielzahl gleichwertiger oder gleich unwertiger Bedeutungen oder auch die Bedeutung, die wir ihr nach unserer willkürlichen Wahl geben. Das sind heutzutage vielleicht die beiden populärsten Geschichtsauffassungen. Aber ich lehne beide ohne Zögern ab. Verbleibt uns also nur der seltsame, aber anregende Ausspruch „ein konstruktiver Ausblick über die Vergangenheit". Da ich unmöglich erfahren kann, was sich Professor Powicke dachte, als er den Ausdruck prägte, werde ich versuchen, meine eigene Interpretation hineinzulegen.

Die klassischen Kulturen Griechenlands und Roms waren wie die alten Kulturen Asiens im Grunde unhistorisch. Wie wir schon sahen, hatte Herodot als Vater der Geschichtsschreibung wenig Kinder; die Schriftsteller des klassischen Altertums gaben sich im großen und ganzen ebensowenig mit der Zukunft wie mit der Vergangenheit ab. Thukydides glaubt, in der Zeit, die vor den von ihm beschriebenen Ereignissen liegt, sei nichts von Bedeutung geschehen, er hält es auch nicht für wahrscheinlich, daß hinterher etwas von Bedeutung geschehen könne. Lukrez schließt aus der Gleichgültigkeit des Menschen gegenüber der Vergangenheit auf seine Gleichgültigkeit gegenüber der Zukunft:

> Blicke zurück, was ist sie für uns, die ewige Dauer
> jener vergangenen Zeit, noch ehe geboren wir waren?
> Diese hält die Natur uns gleichsam vor als den Spiegel
> jener künftigen Zeit, die nachfolgt unserem Tode.[130]

In poetischen Visionen von einer lichtvolleren Zukunft erträumte man sich eine Rückkehr zum goldenen Zeitalter der Vergangenheit — eine zyklische Sicht, die die Prozesse der Geschichte den Prozessen der Natur angleicht. Die Geschichte hatte kein Ziel: da die Vergangenheit keinen Sinn hatte, hatte auch die Zukunft keinen Sinn. Vergil allerdings, der in seiner vierten Ekloge das klassische Bild einer Rückkehr zum goldenen Zeitalter entworfen hatte, durchbrach in der Aeneis in einer momentanen Inspiration die zyklische Konzeption: *Imperium sine fine dedi* war ein ganz und gar unklassischer Gedanke, der Vergil später die Anerkennung als quasi christlicher Prophet eintrug.

Erst die Juden, und nach ihnen die Christen, führten dadurch ein ganz neues Element ein, daß sie ein Ziel, auf das sich der historische Prozeß zubewegt, postulierten. Damit sind wir bei der teleologischen Geschichtsschreibung angelangt. In ihr bekam die Geschichte Sinn und Ziel, verlor aber ihren weltlichen Charakter. Die Erreichung des Zieles der Geschichte würde automatisch das Ende der Geschichte bedeuten: Geschichte wurde selbst zu einer Theodizee. Das war die mittelalterliche Geschichtsbetrachtung. Die Renaissance stellte die klassische Betrachtungsweise mit einer anthropozentrischen Welt und dem Primat der Vernunft wieder her, ersetzte aber die pessimistische klassische Auffassung der Zukunft durch eine optimistische, die sie aus der jüdisch-christlichen Tradition ableitete. Die Zeit, einst als feindlich und zersetzend empfunden, wurde nun freundlich und schöpferisch: man stelle Horaz' *damnosa quid non imminuit dies?* Bacons *veritas temporis filia* gegenüber. Die Rationalisten der Aufklärung, die Begründer der modernen Geschichtsschreibung, behielten die jüdisch-christliche teleologische Sicht bei, säkularisierten aber das Ziel; dadurch waren sie in der Lage, den rationalen Charakter des geschichtlichen Prozesses selbst wieder herzustellen. Geschichte wurde als Fortschritt auf das Ziel der Vollkommenheit der menschlichen Verhältnisse auf

Erden betrachtet. Gibbon, der größte unter den Historikern der Aufklärung, ließ sich durch die Natur seines Themas nicht davon abhalten, von dem — wie er es nannte — „erfreulichen Schluß, daß jedes Zeitalter der Welt den wirklichen Reichtum, das Glück, das Wissen und vielleicht die Tugend der menschlichen Rasse vermehrt hat und weiterhin vermehren wird" — zu sprechen.[131] Der Kult des Fortschritts erreichte seinen Höhepunkt zu dem Zeitpunkt, als Wohlhabenheit, Macht und Selbstvertrauen der Briten am größten waren; und die britischen Schriftsteller und Historiker zählten zu den glühendsten Verehrern dieses Kultes. Das Phänomen ist allzubekannt, um näherer Erläuterungen zu bedürfen, und ich brauche nur ein oder zwei Stellen anzuführen, um zu zeigen, wie lange der Glaube an den Fortschritt ein Postulat unseres gesamten Denkens blieb. Acton nannte in dem Bericht von 1896 über das Projekt der *Cambridge Modern History*, den ich in meiner ersten Vorlesung anführte, die Geschichte eine „progressive Wissenschaft"; und in der Einführung zum ersten Band schrieb er, daß „wir einen Fortschritt in den menschlichen Angelegenheiten als die wissenschaftliche Hypothese, auf der sich die Geschichtsschreibung aufbaut, voraussetzen müssen". Im letzten Band dieses Geschichtswerks, der 1910 erschien, steht es für Dampier, der zur Zeit meines Studiums Tutor an meinem College war, fest, daß „den zukünftigen Zeiten in der Ausdehnung der menschlichen Macht über die Hilfsmittel der Natur und ihrer intelligenten Nutzung zum Wohle des Menschengeschlechts keine Grenze gesetzt ist".[132] Ich möchte anstandshalber meinen Überlegungen vorausschicken, daß ich in dieser Atmosphäre aufgewachsen bin und daß ich ohne weitere Einschränkung die Worte des um eine halbe Generation älteren Bertrand Russell unterschreiben könnte: „Ich wuchs in der Blütezeit des viktorianischen Optimismus auf, und... etwas von dieser Hoffnungsfreudigkeit, die damals leichtfiel, ist mir geblieben."[133]

1920, als Bury sein Buch *The Idea of Progress* schrieb, herrschte schon ein rauheres Klima vor, das er — wie es damals allgemein üblich war — den „Doktrinären, die die gegenwärtige Herrschaft des Terrors in Rußland errichtet haben", zur Last legte, obwohl er den Fortschritt noch immer die „animierende und kontrollierende Idee der westlichen Kultur"[134] nannte.

Später wurde dieser Ton nicht mehr angeschlagen. Nikolaus I. von Rußland soll einen Befehl erlassen haben, der das Wort „Fortschritt" verbot: heutzutage stimmen — etwas verspätet — die Philosophen und Historiker Westeuropas und sogar der USA mit ihm überein. Die Fortschrittshypothese ist widerlegt. Der Untergang des Abendlandes ist so sprichwörtlich geworden, daß es keiner Anführungszeichen mehr bedarf. Aber was ist, abgesehen von all dem Geschrei, wirklich passiert? Durch wen wurde diese neue Meinungsströmung geprägt? Letzthin fühlte ich mich doch wirklich schockiert, als ich bei Bertrand Russell auf eine Bemerkung stieß, — die einzige dieser Art meines Wissens — die einen scharfen Klassengeist zu verraten scheint: „Es gibt heutzutage in der Welt viel weniger Freiheit als vor 100 Jahren."[135] Ich habe keinen Zollstab, um die Freiheit zu messen und weiß nicht, wie sich die geringere Freiheit einiger weniger zur größeren Freiheit vieler verhält. Aber mit welchem Maßstab ich auch immer messe, ich kann diese Behauptung nur phantastisch unwahr finden. Die faszinierenden Blicke, die uns A. J. P. Taylor manchmal hinter die Kulissen des Oxforder Universitätslebens tun läßt, ziehen mich mehr an. „All das Gerede über den Untergang der Kultur" schreibt er, „heißt nur, daß die Universitätsprofessoren früher Diener hatten und jetzt selber aufwaschen."[136] Natürlich mag der Umstand, daß die Professoren jetzt selber aufwaschen, für die ehemaligen Diener ein Symbol des Fortschrittes sein. Andere wiederum mögen den Verlust der weißen Oberhoheit in Afrika, der die Anhänger des Empire, die weiße Bevölkerung der südafrikanischen Union und die Aktionäre des Gold- und Kupferbergbaus beunruhigt, für ein Zeichen des Fortschritts halten. Ich für meinen Teil sehe keinen Grund, warum ich *ipso facto* das Urteil von 1950 über die Frage des Fortschritts dem von 1890 vorziehen sollte, das Urteil der englischsprechenden Welt dem Rußlands, Asiens und Afrikas oder das Urteil des Intellektuellen aus dem Mittelstand dem des Mannes von der Straße, der es, wie Macmillan sagt, noch nie so gut hatte. Im Moment wollen wir die Frage, ob wir in einer Zeit des Fortschritts oder des Niedergangs leben, noch unbeantwortet lassen und statt dessen untersuchen, was die Konzeption des Fortschritts impliziert, welche Voraussetzungen ihr zugrunde liegen und inwieweit diese unhaltbar geworden sind.

Zuerst einmal möchte ich mit den Unklarheiten aufräumen, die über die Begriffe Fortschritt und Evolution herrschen. Die Denker der Aufklärung vertraten zwei allem Anschein nach unvereinbare Ansichten. Sie versuchten den Ort des Menschen in der Welt der Natur zu behaupten: die Gesetze der Geschichte wurden den Gesetzen der Natur gleichgesetzt. Auf der anderen Seite glaubten sie an den Fortschritt. Aber welchen Grund hatten sie für die Annahme, die Natur sei progressiv, sie bewege sich beständig auf ein Ziel zu? Hegel begegnete der Schwierigkeit dadurch, daß er die Geschichte als progressives Geschehen scharf von dem nicht progressiven Naturgeschehen unterschied. Die Darwin'sche Revolution schien alle Schwierigkeiten aus dem Weg zu räumen, indem sie Evolution und Fortschritt gleichsetzte: es stellte sich heraus, daß die Natur letztlich doch wie die Geschichte progressiv ist. Aber damit wurde einem viel schwerwiegenderen Mißverständnis der Weg bereitet: man brachte nun die biologische Vererbung, die die Quelle der Evolution ist, und die soziale Erwerbung, die Quelle des Fortschritts in der Geschichte, durcheinander. Der Unterschied ist bekannt und einleuchtend. Man gebe ein europäisches Kind zu einer chinesischen Familie: das Kind wird zwar weißhäutig bleiben, aber in der chinesischen Sprache aufwachsen. Die Hautfarbe ist Sache der biologischen Vererbung, die Sprache eine soziale Erwerbung, die über das menschliche Gehirn weitergegeben wird. Die Evolution durch Vererbung muß in Tausenden oder Millionen von Jahren gemessen werden; soviel man weiß, ist seit dem Beginn der Geschichtsaufzeichnungen beim Menschen keine meßbare biologische Änderung aufgetreten. Der Fortschritt durch Erwerbung kann in Generationen gemessen werden. Die Natur des Menschen als eines rationalen Wesens liegt darin, daß er seine potentiellen Fähigkeiten durch die Anhäufung der Erfahrung vergangener Generationen entwickelt. Der moderne Mensch, so wird uns gesagt, hat kein größeres Gehirn und keine größere angeborene Denkkapazität als sein Vorfahr vor 5000 Jahren. Aber die Wirksamkeit seines Denkens hat sich dadurch wesentlich gesteigert, daß er aus der Erfahrung der dazwischenliegenden Generationen lernte und sie seiner eigenen Erfahrung einverleibte. Die Weitergabe erworbener Eigenschaften, die die Biologen bestreiten, ist *die* Grundlage des sozialen Fortschritts. Geschichte ist der Fortschritt, der dadurch zustande kommt, daß die erworbenen Geschicklichkeiten von Generation zu Generation weitergegeben werden.

Zweitens sollten wir den Fortschritt nicht als etwas auffassen, dessen Anfang und Ende zeitlich bestimmt werden können. Der Glaube, der sich vor weniger als 50 Jahren einer gewissen Beliebtheit erfreute, daß die Kultur im 4. Jahrhundert v. Chr. im Niltal erfunden wurde, ist heute ebenso wenig glaubwürdig wie die Chronologie, die die Schöpfung der Welt für das Jahr 4004 v. Chr. ansetzte. Die Kultur, deren Geburt wir vielleicht als Ausgangspunkt für unsere Fortschrittshypothese nehmen dürfen, war ganz sicher keine Erfindung, sondern ein unendlich langsamer Entwicklungsprozeß, der sich vielleicht von Zeit zu Zeit in aufsehenerregenden Sprüngen vollzog. Wir brauchen uns nicht mit der Frage abzumühen, wann der Fortschritt — oder die Kultur — begann. Die Hypothese, daß der Fortschritt schließlich zu einem Ende kommen werde, hat zu schwerwiegenden Mißverständnissen geführt. Hegel wurde zu Recht dafür verurteilt, daß er das Ende des Fortschritts in der preußischen Monarchie sah — offenbar das Ergebnis einer allzuweit vorgetriebenen Interpretation der Ansicht, Vorhersagen seien unmöglich. Aber Hegels Verirrung wurde von dem berühmten Viktorianer Arnold von Rugby noch übertroffen. Als dieser 1841 den Regius-Lehrstuhl für moderne Geschichte in Oxford erhielt, gab er in seiner Antrittsvorlesung der Vermutung Ausdruck, daß die moderne Geschichte die letzte Stufe in der Geschichte der Menschheit darstelle: „Sie scheint die Zeichen der zeitlichen Reife zu tragen, so als würde es nach ihr keine weitere Geschichte mehr geben."[137] Marx' Vorhersage, die proletarische Revolution würde das Endziel einer klassenlosen Gesellschaft realisieren, war logisch und moralisch weniger anfechtbar; aber die Annahme vom Ende der Geschichte hat einen eschatologischen Klang, der eher dem Theologen als dem Historiker ansteht; sie verfällt wieder in den Irrtum, das Ziel der Geschichte liege außerhalb ihrer selbst. Zweifellos ist die Vorstellung eines in der Zeit liegenden Endes für den menschlichen Geist anziehend; und Actons Vision vom Zug der Geschichte als einem unendlichen Fortschritt auf die Freiheit zu erscheint dagegen kühl und unbestimmt. Aber wenn der Historiker seine Fortschrittshypothese retten will, so muß er m. E. bereit sein, den Fortschritt als einen Prozeß zu behandeln, in den die Ansprüche und Lebensumstände der aufeinanderfolgenden Zeitabschnitte ihren spezifischen Inhalt legen. Und das meint Acton in seiner These, daß Geschichte nicht nur der Bericht über den Fortschritt sei, sondern eine „progressive Wissenschaft" oder daß die Geschichte, wenn Sie so wollen, in den beiden Bedeutungen des Wortes — als Lauf der Ereignisse und als Bericht von jenen Ereignissen — progressiv ist. Acton beschreibt den Fortschritt der Freiheit in der Geschichte folgendermaßen:

„Unter dem Druck, der Herrschaft der Macht und der beständigen Ungerechtigkeit zu widerstehen, wurde durch vereinte Anstrengungen der Schwachen die Freiheit im schnellen Wechsel aber langsamen Fortschritt von 400 Jahren erhalten, gesichert, erweitert und schließlich verstanden."[138]

Acton versteht unter Geschichte als dem Lauf der Ereignisse Fortschritt auf die Freiheit, unter Geschichte als Bericht jener Ereignisse Fortschritt auf das Verständnis der Freiheit zu: beide Prozesse gehen Hand in Hand.[139] Der Philosoph Bradley, der zu einer Zeit schrieb, als Analogien aus dem Bereich der Evolutionstheorie Mode waren, bemerkt, daß „sich für den religiösen Glauben das Ende der Evolution als das, was ... sich schon entfaltet hat, darstellt".[140] Für den Historiker ist das Ziel des Fortschritts nicht etwas, was sich schon entfaltet hat. Es ist noch in unendlicher Ferne; wir sehen die Wegweiser erst, wenn wir auf sie zukommen. Aber das mindert seine Bedeutung nicht. Ein Kompaß ist ein wertvoller, ja sogar unentbehrlicher Führer. Aber er ist nicht die Seekarte mit der eingezeichneten Route. Der Gehalt der Geschichte kann jeweils nur soweit realisiert werden, als wir ihn erfahren.

Drittens hat noch nie ein Mensch an einen Fortschritt geglaubt, der geradlinig, ohne Rückschläge, Umwege oder gar Brüche seinen Weg verfolgt, so daß nicht einmal der schlimmste Rückschlag dem Glauben notwendigerweise verderblich werden muß. Offensichtlich gibt es ebensogut Zeiten des Rückschritts wie Zeiten des Fortschritts. Außerdem wäre es voreilig anzunehmen, nach einem Rückschritt müsse der Fortschritt vom selben Punkt aus oder in der gleichen Richtung weitergehen. Marx' oder Hegels drei oder vier Kulturen, Toynbees 21 Kulturen, die Lebenszyklustheorie von Aufstieg, Verfall und Untergang der Kulturen — solche Entwürfe sind in sich selbst sinnlos. Aber sie sind symptomatisch für die beobachtbare Tatsache, daß die Anstrengungen, deren es bedarf, um eine Kultur voranzutreiben, an einer Stelle aussetzen, um später an einer anderen wieder einzusetzen, so daß sich der Fortschritt, den wir in der Geschichte feststellen können, niemals räumlich oder zeitlich kontinuierlich vollzieht. Ja, ich würde sogar, wenn es mir um die Formulierung historischer Gesetze ginge, das Gesetz aufstellen, daß die Gruppe — mag man sie nun Klasse, Nation, Kontinent, Kultur oder wie immer nennen — die zu einer bestimmten Zeit die führende Rolle im Fortschritt der Kultur spielt, sehr wahrscheinlich in der nächsten Periode nicht mehr dieselbe Rolle spielen wird, aus dem einfachen Grund, weil sie zu sehr von den Traditionen, Interessen und Ideologien der früheren Zeit durchdrungen sein dürfte, um sich den Anforderungen und Bedingungen der nächsten Periode anpassen zu können.[141] So kann es sehr leicht sein, daß dem einen als Verfallsperiode vorkommt, was dem anderen die Geburt neuen Fortschritts bedeutet. Fortschritt heißt nicht — und kann nicht heißen — gleicher und gleichzeitiger Fortschritt für alle. Es ist bedeutsam, daß fast alle unsere neueren Propheten des Niedergangs, unsere Skeptiker, die in der Geschichte keinen Sinn sehen und behaupten, der Fortschritt sei tot, dem Weltteil und der Gesellschaftsklasse angehören, die für mehrere Generationen voller Triumph eine führende und beherrschende Rolle im Fortschritt der Kultur gespielt haben. Für sie liegt nichts Tröstliches darin, daß die Rolle, die ihre Gruppe in der Vergangenheit gespielt hat, nun auf andere übergehen soll. Offensichtlich kann eine Geschichte, die ihnen solch einen schäbigen Trick gespielt hat, kein sinnvoller oder rationaler Prozeß sein. Aber wenn wir an der Fortschrittshypothese festhalten wollen, so kann das, scheint mir, nur unter der Bedingung geschehen, daß wir die Vorstellung eines geradlinigen Verlaufs aufgeben.

Und zum Schluß komme ich nun zu der Frage, was Fortschritt im Bereich geschichtlicher Aktion eigentlich bedeutet. Die Leute, die sich, sagen wir, dafür einsetzen, daß das Strafrecht verbessert wird und die Bürgerrechte allen zuerkannt und die Ungleichheiten der Rasse oder des Besitzes abgeschafft werden, setzen sich bewußt jeweils eben für ihr besonderes Ziel ein: sie versuchen nicht, bewußt den Fortschritt voranzutreiben, irgendein historisches „Gesetz" oder eine „Hypothese" des Fortschritts zu realisieren. Es ist vielmehr so, daß der Historiker auf ihre Handlungen seine Fortschrittshypothese anwendet, ihre Handlungen als Fortschritt interpretiert. Damit verliert der Fortschrittsgedanke keineswegs seine Gültigkeit. Ich freue mich, mit Isaiah Berlin in dem Punkt übereinzustimmen, daß „Fortschritt und Reaktion, wie oft diese Worte auch mißbraucht worden sein mögen, trotzdem keine leeren Begriffe sind"[142]; es ist eine der Voraussetzungen der Geschichte, daß der Mensch aus der Erfahrung seiner Vorfahren einen Vorteil ziehen kann (nicht daß er es müßte) und daß der Fortschritt in der Geschichte im Gegensatz zur Evolution in der Natur auf der Weitergabe erworbenen Besitzes beruht. Dieser Besitz umfaßt sowohl materiellen Besitz als auch die Fähigkeit, die Umwelt zu beherrschen, umzuformen und nutzbar zu machen. Tatsächlich sind beide Faktoren sehr eng miteinander verbunden und beeinflussen einander. Marx stellt die menschliche Arbeit als Fundament des ganzen Gebäudes hin; und diese Formel scheint annehmbar, vorausgesetzt, daß man „Arbeit" weit genug faßt. Aber ein bloßer Zuwachs an Hilfsmitteln ist nicht von Nutzen, es sei denn, er bedeutet für den Menschen außer einer Bereicherung im technischen und sozialen Wissens- und Erfahrungsbereich auch eine zunehmende Beherrschung seiner Umwelt im weiteren Sinn. Zum gegenwärtigen Zeitpunkt würden m.E. nur wenige bestreiten, daß wir in der Anhäufung materieller Hilfsmittel wie wissenschaftlicher Kenntnisse, in der Beherrschung der Umwelt im technologischen Sinn Fortschritte gemacht haben. Fraglich aber ist, ob wir im 20. Jahrhundert auch hinsichtlich der Gesellschaftsordnung, der Beherrschung des sozialen, nationalen oder internationalen Umfelds Fortschritte gemacht haben oder ob wir hier nicht vielmehr einen ausgesprochenen Rückschritt zu verzeichnen haben. Ist nicht die Evolution des Menschen als eines sozialen Wesens bedauerlich hinter dem Fortschritt der Technik zurückgeblieben?

Die Symptome, die zu dieser Frage Anlaß geben, liegen auf der Hand. Aber ich vermute, daß sie trotz alledem falsch gestellt ist. Die Geschichte kennt viele Wendepunkte, an denen die Führung und Initiative von einer Gruppe auf eine andere und von einem Weltteil auf einen anderen überwechselte: die Periode, in der der moderne Staat entstand, die Verlagerung des Machtzentrums von den Mittelmeerländern nach Westeuropa, die Zeit der französischen Revolution sind hervorstechende Beispiele dafür gewesen. Solche Perioden sind immer Zeiten heftiger Umwälzungen und Machtkämpfe. Die alten Autoritäten verlieren an Kraft, die alten Grenzen verschwinden; aus einem bitteren Zusammenstoß von Ehrgeiz und Groll erhebt sich die neue Ordnung. Ich würde meinen, daß wir im gegenwärtigen Moment eine solche Periode durchmachen. Die Behauptung, unser Verständnis für das Problem der sozialen Organisation oder unser guter Wille, die Gesellschaft aus diesem Verständnis heraus zu organisieren, hätte abgenommen, kommt mir ganz einfach falsch vor: ich würde im Gegenteil behaupten, daß beide sehr zugenommen haben. Nicht daß unsere Fähigkeiten abgenommen hätten oder unsere moralischen Qualitäten verfallen wären; die Verlagerung des Gleichgewichts der Macht innerhalb der Kontinente, Nationen und Klassen hat die Zeit der Konflikte und Umwälzungen heraufgeführt, in der wir leben; der Druck auf diese Kapazitäten und Qualitäten hat ungeheuerlich zugenommen und sie — was positive Ergebnisse anlangt — in ihrer Wirksamkeit eingeschränkt und frustriert. Ich will den Nachdruck, mit dem in den letzten 50 Jahren in der westlichen Welt der Fortschrittsglaube angegriffen worden ist, nicht unterschätzen, aber ich bin auch nicht davon überzeugt, daß der Fortschritt in der Geschichte zu einem Ende gekommen ist. Wenn Sie mir aber immer noch mit der Frage, was Fortschritt denn bedeutet, zusetzen, so kann ich Ihnen wohl nur in etwa folgendes antworten: die Vorstellung eines erreichbaren und klar definierbaren Ziels des Fortschritts in der Geschichte, die von den Denkern des 19. Jahrhunderts so oft postuliert wurde, hat sich als unbrauchbar und unfruchtbar erwiesen. An den Fortschritt glauben heißt nicht, an irgendeinen automatischen oder unvermeidbaren Prozeß, sondern an eine progressive Entwicklung der menschlichen Möglichkeiten glauben. Fortschritt ist ein abstrakter Begriff; und die von der Menschheit angestrebten konkreten Ziele ergeben sich von Mal zu Mal aus dem Lauf der Geschichte, nicht aus einer außerhalb ihrer selbst liegenden Quelle. Ich glaube nicht an die Perfektibilität des Menschen oder an das zukünftige Paradies auf Erden. Soweit würde ich mit den Theologen und

Mystikern übereinstimmen, die versichern, Vollkommenheit sei in der Geschichte nicht zu erlangen. Aber ich gebe mich mit der Möglichkeit eines unbegrenzten Fortschritts zufrieden — oder anders gesagt, einem Fortschritt, der keinen Grenzen, die wir brauchen oder ins Auge fassen können, unterworfen ist — auf Ziele zu, die wir nur in dem Ausmaß angeben können, als wir uns ihnen nähern, und deren Gültigkeit nur von Mal zu Mal dadurch verifiziert werden kann, daß wir sie erreichen. Ich wüßte auch nicht, wie die Gesellschaft ohne irgendeine ähnliche Fortschrittskonzeption fortbestehen sollte. Jede zivilisierte Gesellschaft legt der lebenden Generation zugunsten der noch ungeborenen Generationen Opfer auf. Die Rechtfertigung dieser Opfer im Namen einer besseren Welt der Zukunft ist das weltliche Gegenstück zu ihrer Rechtfertigung im Namen irgendeines göttlichen Zweckes. „Das Prinzip der Verpflichtung gegenüber der Nachwelt ist eine direkte und natürliche Folge des Fortschrittsgedankens"[143], um mit Bury zu sprechen. Vielleicht bedarf diese Pflicht keiner Rechtfertigung. Falls doch, so weiß ich keine andere Möglichkeit, wie man sie rechtfertigen könnte.

Damit komme ich zu der berühmten Krux der Objektivität in der Geschichte. Das Wort selbst ist irreführend und gibt Anlaß zu verschiedenen Fragen. In einer früheren Vorlesung habe ich schon gezeigt, daß sich die Sozialwissenschaften — und mit ihnen die Geschichte — nicht mit einer Erkenntnistheorie begnügen können, die Subjekt und Objekt auseinanderreißt und eine scharfe Trennung zwischen dem Beobachter und dem beobachteten Ding geltend macht. Wir brauchen ein neues Modell, das dem vielschichtigen Prozeß wechselseitiger Beziehung und Einwirkung gerecht wird. Die Fakten der Geschichte können nicht rein objektiv sein, da sie nur dank der Bedeutung, die ihnen der Historiker beimißt, zu historischen Fakten werden. Objektivität in der Geschichte — falls wir uns des konventionellen Ausdrucks weiterhin bedienen wollen — kann nicht Objektivität der Fakten bedeuten, sondern lediglich Objektivität der Relation, der Relation zwischen Tatsache und Interpretation, zwischen Vergangenheit, Gegenwart und Zukunft. Ich brauche wohl nicht noch einmal auf die Gründe zurückzukommen, die mich bestimmten, den Versuch, historische Ereignisse durch Aufstellung eines absoluten, außerhalb der Geschichte stehenden und von ihr unabhängigen Wertmaßstabs zu beurteilen, als unhistorisch zurückzuweisen. Aber der Begriff der absoluten Wahrheit ist der Welt der Geschichte — wie der der ganzen Wissenschaft m. E. — auch nicht angemessen. Nur die einfachste Art historischer Aussagen kann als absolut wahr oder absolut falsch beurteilt werden. Auf einer weniger eindeutigen Ebene wird der Historiker, der, sagen wir, das Urteil eines seiner Vorgänger bestreitet, dieses normalerweise nicht als absolut falsch, sondern als inadäquat, einseitig oder irreführend oder als das Produkt einer Auffassung, die dank neuerer Beweise nun überholt oder irrelevant ist, verurteilen. Die Behauptung, die russische Revolution sei der Borniertheit Nikolaus II. oder Lenins Genie zuzuschreiben, ist völlig unzulänglich — so unzulänglich, daß sie geradezu irreführend ist. Aber man kann sie nicht absolut falsch nennen. Der Historiker hat es nicht mit etwas Absolutem dieser Art zu tun.

Kommen wir wieder auf den traurigen Fall von Schmidts Tod zurück. Die Objektivität unserer diesbezüglichen Untersuchung hing nicht davon ab, daß wir unsere Fakten sauber aneinanderreihten — sie standen nicht zur Diskussion —, sondern davon, daß wir zwischen den realen oder bedeutsamen Fakten, die für uns von Interesse waren, und den zufälligen Fakten, die wir uns zu ignorieren erlauben durften, unterschieden. Es fiel uns nicht schwer, diese Unterscheidung zu treffen, da unser Bedeutungsmaßstab oder -test, auf den sich unsere Objektivität gründete, klar war: er leitete seine Relevanz aus dem erstrebten Ziel, die Zahl der Verkehrsunfälle einzuschränken, ab. Aber der Historiker befindet sich in einer weniger glücklichen Lage als derjenige, welcher eine Untersuchung mit dem einfachen und absehbaren Ziel, die Verkehrsunfälle zu reduzieren, leitet. Auch der Historiker braucht für seine Interpretation einen Bedeutungsmaßstab; er ist gleichzeitig auch sein Objektivitätsmaßstab, der ihm ermöglicht, zwischen dem Bedeutenden und dem Akzidentiellen zu unterscheiden; auch für ihn ist dieser Maßstab nur von einem ins Auge gefaßten Ziel her relevant und auffindbar. Aber es handelt sich dabei notwendig um ein sich entfaltendes Ziel, da die sich entfaltende Interpretation der Vergangenheit eine notwendige Funktion der Geschichte ist. Die hergebrachte Behauptung, ein Wandel müßte immer in Begriffen, die etwas

Feststehendes und Unwandelbares ausdrücken, erklärt werden, widerspricht der Erfahrung des Historikers. „Für den Historiker", sagt Professor Butterfield und behält sich damit vielleicht implicite eine Sphäre vor, in die ihm die Historiker nicht zu folgen brauchen, „ist das einzig Absolute der Wechsel."[144] Das Absolute in der Geschichte ist nicht etwas in der Vergangenheit, von dem wir ausgehen; es ist auch nicht etwas in der Gegenwart, denn alles gegenwärtige Denken ist notwendig relativ. Es ist etwas noch Unvollständiges im Prozeß des Werdens, etwas in der Zukunft, auf das wir uns zubewegen und das in dem Ausmaß Gestalt annimmt, als wir ihm näherkommen; nach und nach entsteht in seinem Licht unsere Interpretation der Vergangenheit. Das ist die weltliche Wahrheit, die hinter dem religiösen Mythos steht, welcher verkündet, der Sinn der Geschichte werde am jüngsten Tag offenbar werden. In dem statischen Sinn, daß etwas gestern, heute und immer dasselbe ist, ist unser Kriterium nicht absolut: ein Absolutes dieser Art verträgt sich nicht mit dem Wesen der Geschichte. Aber es ist absolut hinsichtlich unserer Interpretation der Vergangenheit. Es weist die relativistische Auffassung, eine Interpretation sei so gut wie eine andere, oder jede Interpretation sei zu ihrer Zeit und an ihrem Ort wahr, zurück und liefert uns den Prüfstein, anhand dessen sich unsere Interpretation der Vergangenheit letztlich beurteilen läßt. Nur dieser Orientierungssinn in der Geschichte befähigt uns, die Ereignisse der Vergangenheit zu ordnen und zu interpretieren — und darin liegt die Aufgabe des Historikers — und die menschlichen Energien in der Gegenwart mit einem Ausblick auf die Zukunft freizusetzen und zu organisieren — und darin liegt die Aufgabe des Staatsmanns, des Wirtschaftlers und des Sozialreformers. Aber der Prozeß selber bleibt progressiv und dynamisch. Unser Orientierungssinn und unsere Interpretation der Vergangenheit sind ständig, in dem Maß wie wir fortschreiten, Modifikationen und Evolutionen unterworfen.

Hegel kleidete das Absolute in die mystische Form eines Weltgeistes und beging den Kardinalfehler, den Lauf der Geschichte in der Gegenwart zu Ende gehen zu lassen, anstatt das Ende in die Zukunft zu verlegen. Er erkannte einen Prozeß kontinuierlicher Evolution in der Vergangenheit an und verneinte ihn ungereimterweise für die Zukunft. Diejenigen, welche seit Hegel sehr tief über die Natur der Geschichte nachgedacht haben, haben in ihr eine Synthese aus Vergangenheit und Zukunft gesehen. Tocqueville machte sich von der theologischen Redeweise seiner Zeit nicht ganz frei und gab dem Absoluten einen zu engen Inhalt; trotzdem sah er es im wesentlichen richtig. Nachdem er die Entwicklung der Gleichheit ein universales und permanentes Phänomen genannt hat, fährt er fort:

„Wenn die Menschen unserer Zeit die schrittweise und progressive Entwicklung der Gleichheit als die Vergangenheit und die Zukunft ihrer Geschichte sehen könnten, würde diese einzigartige Entdeckung der Entwicklung den geheiligten Charakter des Willens ihres Herrn und Meisters geben."[145]

Man könnte über dieses noch immer nicht abgeschlossene Thema ein bedeutsames Kapitel Geschichte schreiben. Marx, der einige von Hegels Hemmungen, in die Zukunft zu schauen, teilte, der sich vor allem damit abgab, seine Lehre fest in der vergangenen Geschichte zu verankern, sah sich durch die Natur seines Themas gezwungen, sein Absolutes, die klassenlose Gesellschaft, in die Zukunft zu projizieren. Bury umschreibt den Fortschrittsgedanken etwas unbeholfen, aber offensichtlich mit derselben Intention als „eine Theorie, die eine Synthese der Vergangenheit und eine Vorhersage der Zukunft einschließt".[146] „Die Historiker", sagt Namier in einer bewußt paradoxen Formulierung, die er dann mit seinem gewohnten Beispielsreichtum illustriert, „stellen sich die Vergangenheit vor und erinnern sich der Zukunft".[147] Nur die Zukunft kann den Schlüssel zur Interpretation der Vergangenheit liefern; und nur in diesem Sinn können wir von einer letzten Objektivität in der Geschichte sprechen. Die Vergangenheit wirft Licht auf die Zukunft und die Zukunft wirft Licht auf die Vergangenheit: darin liegt sowohl die Rechtfertigung wie die Erklärung der Geschichte.

Was meinen wir aber dann damit, daß wir einen Historiker wegen seiner Objektivität loben oder sagen, der eine Historiker sei objektiver als der andere? Offensichtlich nicht nur, daß er seine Fakten in Ordnung bringt, sondern eher, daß er die richtigen Fakten auswählt, oder mit anderen Worten, daß er den richtigen Bedeutungsmaßstab anwendet. Wenn wir einen Historiker objektiv nennen, meinen wir damit m. E. zweierlei. Erstens und vor allem meinen wir damit, daß er die Fähigkeit besitzt, sich über die begrenzte Sicht seiner eigenen Situation in der Gesellschaft und in der Geschichte zu erheben — eine Fähigkeit, die, so sagte ich schon in einer früheren Vorlesung, z. T. von einer anderen Fähigkeit abhängt: nämlich, wieweit er imstande ist, zu erkennen, bis zu welchem Ausmaß er dieser Situation verhaftet ist, d. h., bis zu welchem Ausmaß ihm die Unmöglichkeit totaler Objektivität klar wird. Zweitens meinen wir damit, daß er die Fähigkeit besitzt, seine Sicht auf solche Weise in die Zukunft zu projizieren, daß er dadurch zu einer tieferen und anhaltenderen Einsicht in die Vergangenheit gelangt, als sie Historikern möglich ist, deren Ausblick gänzlich an ihre eigene, unmittelbare Situation gebunden bleibt. Heutzutage wird kein Historiker Actons vertrauensvolle Erwartung einer „abgeschlossenen Geschichte" teilen. Aber einige Historiker schreiben Geschichte, die dauerhafter, endgültiger und objektiver ist als die anderer; das sind Historiker, die etwas besitzen, was ich als Weitblick in der Betrachtung von Vergangenheit und Zukunft bezeichnen möchte. Der Historiker, der sich mit der Vergangenheit befaßt, kann nur in dem Maß der Objektivität näherkommen, als er sich dem Verständnis der Zukunft nähert.

Ich sollte also die Geschichte, die ich früher einen Dialog zwischen Vergangenheit und Gegenwart genannt habe, eher einen Dialog zwischen den Ereignissen der Vergangenheit und den progressiv auftauchenden zukünftigen Zielen nennen. Des Historikers Interpretation der Vergangenheit, seine Auswahl des Bedeutsamen und Relevanten, entfaltet sich mit dem progressiven Auftauchen neuer Ziele. Um das einfachste aller Beispiele zu nehmen: solange das Hauptziel die Organisation der konstitutionellen Freiheiten und politischen Rechte zu sein schien, interpretierte der Historiker die Vergangenheit in konstitutionellen und politischen Begriffen. Als wirtschaftliche und soziale Ziele die konstitutionellen und politischen zu verdrängen begannen, interpretierten die Historiker die Vergangenheit unter wirtschaftlichen und sozialen Aspekten. Der Skeptiker könnte nun mit einigem Recht behaupten, daß in diesem Prozeß die neue Wahrheit nicht wahrer sei als die alte; jede sei eben für ihre Zeit wahr. Trotzdem kann man behaupten, daß die wirtschaftliche und soziale Interpretation der Geschichte ein fortgeschritteneres Stadium darstellt als die ausschließlich politische Interpretation, da eine Zeit, deren hauptsächliches Interesse wirtschaftlichen und sozialen Zielen gilt, ein breiteres und fortgeschritteneres Stadium in der menschlichen Entwicklung darstellt als eine, die sich vorwiegend mit politischen und konstitutionellen Zielen auseinandersetzt. Die neue Interpretation lehnt die alte nicht ab, sie nimmt sie in sich auf und ersetzt sie. Geschichtsschreibung ist in dem Sinn eine progressive Wissenschaft, als sie versucht, ständig erweiterte und vertiefte Einsichten in den Lauf der Ereignisse, der in sich selbst progressiv ist, zu liefern. Und das meine ich, wenn ich sage, wir brauchen „einen konstruktiven Ausblick über die Vergangenheit". Die moderne Geschichtsschreibung ist in den letzten zwei Jahrhunderten in diesem zweifachen Glauben an den Fortschritt groß geworden und kann ohne ihn nicht mehr leben, da ihr gerade dieser Glaube ihren Bedeutsamkeitsmaßstab, ihren Prüfstein zur Unterscheidung des Realen und des Zufälligen gibt. Goethe zerschnitt in einem Gespräch, das er gegen Ende seines Lebens führte, den gordischen Knoten etwas brüsk:

„In Verfallszeiten sind alle Tendenzen subjektiv; reift jedoch eine neue Epoche heran, so sind alle Tendenzen objektiv."[148]

Kein Mensch ist verpflichtet, an die Zukunft der Geschichte oder an die Zukunft der Gesellschaft zu glauben. Es ist möglich, daß unsere Gesellschaft zerstört wird oder an einem langsamen Verfall zugrunde geht und daß die Geschichte wieder in die Theologie zurückfällt — d. h. zu einer Untersuchung wird, die sich mit dem göttlichen Willen und nicht mit den menschlichen Leistungen befaßt — oder daß sie erneut wieder in die Literatur einmündet — d. h. zu einer Geschichten- und Legendenerzählung ohne Ziel oder Bedeutung wird. Aber das ist dann nicht mehr in dem Sinn Geschichte, wie wir sie in den letzten 200 Jahren gekannt haben.

Ich muß mich nun noch mit einem altbekannten Einwand auseinandersetzen, der gegen jede Theorie, die das letzte Kriterium für die historische Beurteilung in der Zukunft sieht, erhoben wird. Eine solche Theorie, heißt es, impliziere, daß der Erfolg das letzte Kriterium für das Urteil ist, daß also, wenn schon nicht das Bestehende, so doch das Zukünftige gebilligt wird. In den letzten 200 Jahren haben die meisten Historiker nicht nur angenommen, die Geschichte bewege sich in eine Richtung, sie haben auch bewußt oder unbewußt geglaubt, daß diese Richtung im großen und ganzen die richtige sei, daß sich die Menschheit vom Schlechteren auf das Bessere, vom Niedrigen auf das Höhere zubewege. Der Historiker erkannte nicht nur die Richtung, er hieß sie auch gut. Der Bedeutungstest, den er auf die Vergangenheit anwandte, bestand nicht nur in einem Gefühl für den Kurs der Geschichte, sondern auch in einem Gefühl für seine eigene moralische Einbezogenheit in diesen Lauf. Die angebliche Dichotomie zwischen „ist" und „sollte sein", zwischen Faktum und Wert, war gelöst. Das war eine optimistische Auffassung, das Produkt eines Zeitalters voll überschwenglichen Vertrauens in die Zukunft. Whigs und Liberale, Hegelianer und Marxisten, Theologen und Rationalisten blieben ihr fest und mehr oder weniger ausgesprochen verhaftet. 200 Jahre lang hätte sie ohne große Übertreibung für die anerkannte und stillschweigend mit einbegriffene Antwort auf die Frage, was ist Geschichte, gelten können. Die Reaktion kam mit der gegenwärtig vorherrschenden Tendenz zu Befürchtungen und Pessimismus; sie hat den Theologen, die den Sinn der Geschichte außerhalb ihrer selbst suchen, und den Skeptikern, die in der Geschichte überhaupt keinen Sinn sehen, freies Feld geschaffen. Man versichert uns allerorts mit höchster Emphase, daß die Dichotomie zwischen „ist" und „sollte sein" absolut und unauflösbar ist, daß „Werte" nicht von den „Fakten" abgeleitet werden können. Aber das scheint mir eine falsche Spur. Wir wollen uns doch einmal ansehen, was einige mehr oder minder beliebig gewählte Historiker oder Schriftsteller, die geschichtliche Themen behandeln, geäußert haben.

Gibbon rechtfertigt den Umstand, daß er in seinem Geschichtsbericht den Siegen des Islam so breiten Raum gegeben hat, damit, daß „Mohammeds Anhänger noch immer das weltliche und religiöse Zepter der orientalischen Welt in Händen halten." Aber, fügt er hinzu, „dieselbe Mühe wäre bei dem Schwarm Wilder nicht angebracht, der zwischen dem 7. und 12. Jahrhundert aus der Ebene von Skythien kam," da „die Majestät des byzantinischen Throns diese ungeordneten Angriffe zurückwarf und sie überdauerte."[149] Das scheint gar nicht unvernünftig. Geschichte berichtet im großen und ganzen, was die Leute unternahmen und nicht, was sie zu tun unterließen: in dieser Hinsicht ist sie unweigerlich eine Geschichte des Erfolgs. Professor Tawney bemerkt, daß die Historiker einer bestehenden Ordnung „den Anstrich der Unvermeidbarkeit" geben, indem „sie die Mächte, die triumphierten, in den Vordergrund stellen, und diejenigen, die von ihnen geschluckt wurden, in den Hintergrund verbannen".[150] Aber ist das nicht in gewisser Hinsicht die Essenz der Arbeit des Historikers? Der Historiker darf die Opposition nicht unterschätzen; er darf den Sieg nicht als ein Darüberweggehen darstellen, wenn er ein Hin und Her war. Manchmal haben die Besiegten zum endgültigen Ergebnis ebensoviel beigetragen wie die Sieger. Das sind für den Historiker bekannte Maximen. Aber im großen und ganzen hat es der Historiker mit denjenigen zu tun, die, ob Sieger oder Besiegte, etwas geleistet haben. Ich bin kein Spezialist für die Geschichte des Kricketspiels. Aber vermutlich sind ihre Seiten eher mit den Namen derer besetzt, die 100 Punkte machten, als mit den Namen derer, die überhaupt keine machten und ausscheiden mußten. Hegels berühmtem Ausspruch, daß in der Geschichte „nur die Völker beachtet werden können, die einen Staat bilden"[151], wurde zu Recht vorgeworfen, er betrachte ausschließlich eine Form der sozialen Organisation als wertvoll und ebne somit einer anstößigen Staatsverehrung den Weg. Aber im Prinzip ist das, was Hegel zu sagen versucht, richtig und spiegelt die bekannte Unterscheidung zwischen Vorgeschichte und Geschichte; nur diejenigen Völker, denen es gelang, ihre Gesellschaft zu organisieren, hören bis zu einem gewissen Ausmaß auf, primitive Wilde zu sein, und treten in die Geschichte ein. Carlyle nannte in seiner *French Revolution* Ludwig XV. „einen verkörperten Solözismus". Offensichtlich gefiel ihm dieser Ausdruck, denn er schmückte ihn später in einer längeren Stelle aus:

„Ist es doch eine allgemeine Schwindelbewegung, wo Institutionen, gesellschaftliche Ordnungen, individuelle Geister, die einst gemeinsam wirkten, sich in tollem Umschwung aneinander stoßen und reiben! Unvermeidlich; es ist das Auseinanderfallen eines Weltsolözismus, der sich zuletzt sogar bis zum Geldbankrott erschöpft hat."[152]

Hier handelt es sich wiederum um ein historisches Kriterium: was einer Epoche angemessen war, ist für eine andere zur Unschicklichkeit geworden und wird aus diesem Grund verdammt. Sogar Isaiah Berlin scheint sich, wenn er von den Höhen der philosophischen Abstraktion herabsteigt und konkrete historische Situationen betrachtet, zu dieser Auffassung durchgerungen zu haben. In einem Vortrag, der einige Zeit nach der Veröffentlichung seines Essays über *Historical Inevitability* in einer Rundfunksendung gebracht wurde, stellte er Bismarck trotz seiner moralischen Mängel als ein „Genie" und als „das größte Beispiel eines Politikers von höchster politischer Urteilskraft im letzten Jahrhundert" dar und hob ihn in dieser Hinsicht recht vorteilhaft von Männern wie Josef II. von Österreich, Robespierre, Lenin und Hitler ab, die „ihre positiven Ziele" nicht zu realisieren vermochten. Mich berührt dieses Urteil seltsam. Aber im Moment interessiert mich, welches Kriterium ihm zugrunde liegt. Bismarck, sagt Sir Isaiah, verstand sich auf das Material, mit dem er arbeitete; die anderen wurden durch abstrakte Theorien, die versagten, vom Weg abgebracht. Die Moral heißt, „zu Mißerfolgen kommt es immer dann, wenn man das praktisch Wirksamste ... zugunsten einer systematischen Methode oder eines Prinzips, das universale Gültigkeit beansprucht"[153], verschmäht. Mit anderen Worten, das Kriterium für die Beurteilung in der Geschichte ist also nicht irgendein „Prinzip", das universale Gültigkeit beansprucht, sondern „das praktisch Wirksamste".

Nicht nur — das brauche ich wohl kaum zu betonen —, wenn wir die Vergangenheit analysieren, halten wir uns an dieses Kriterium des „praktisch Wirksamsten". Wenn Ihnen jemand anvertraute, er halte beim gegenwärtigen Stand der Dinge einen Zusammenschluß Großbritanniens und der USA zu einem einzigen Staat unter einer einzigen Führung für wünschenswert, so könnten Sie mit ihm dahingehend übereinstimmen, daß diese Ansicht so dumm nicht sei. Wenn er nun weiterhin sagte, eine konstitutionelle Monarchie sei als Regierungsform einer Demokratie unter einem Präsidenten vorzuziehen, so könnten Sie seine Ansicht noch immer für ganz vernünftig halten. Aber nehmen Sie an, daraufhin würde er Ihnen gestehen, er hätte sich selbst für die Durchführung einer solchen Kampagne zur Vereinigung der beiden Länder unter der britischen Krone angeboten; da würden Sie ihm doch wahrscheinlich antworten, er vergeude nur seine Zeit. Wenn Sie ihm zu erklären versuchten, warum, müßten Sie ihm sagen, daß Streitfragen dieser Art nicht auf der Basis eines Prinzips von allgemeiner Gültigkeit, sondern auf der, was unter den gegebenen historischen Umständen praktisch wirksam wäre, debattiert werden müssen; Sie könnten sogar die Todsünde begehen und von Geschichte groß geschrieben sprechen und ihm sagen, daß die *Geschichte* gegen ihn sei. Es ist Aufgabe des Politikers, nicht nur das moralisch und theoretisch Wünschenswerte in Betracht zu ziehen, sondern auch die in der Welt vorhandenen Kräfte, und zu überlegen, wie diese zu einer wahrscheinlich nur teilweisen Verwirklichung der angestrebten Ziele eingesetzt und gehandhabt werden könnten. Betrachtet man unsere politischen Entscheidungen im Licht unserer Geschichtsinterpretation, so findet man, daß sie in diesem Kompromiß wurzeln. Aber unsere Geschichtsinterpretation wurzelt im selben Kompromiß. Nichts ist verkehrter, als irgendeinen angeblich abstrakten Maßstab des Wünschenswerten aufzustellen, anhand dessen man die Vergangenheit verurteilt. Wir sollten unter allen Umständen das Wort „Erfolg", das seit einiger Zeit einen gehässigen Beigeschmack bekommen hat, durch den neutralen Ausdruck „das praktisch Wirksamste" ersetzen. Da ich im Verlauf dieser Vorlesungen so manches Mal mit Isaiah Berlin haderte, freut es mich, die Rechnung doch zumindest mit diesem Ausmaß an Übereinstimmung abschließen zu können.

Aber dadurch, daß man das Kriterium des „praktisch Wirksamsten" annimmt, wird seine Anwendung noch nicht leicht oder auch selbstverständlich. Es ist kein Kriterium, das zu vorschnellen Urteilen ermutigt oder sich vor der Auffassung verneigt, das Bestehende sei auch das Rechte. Schwerwiegende Fehlschläge sind in der Geschichte nicht unbekannt. Die Geschichte kennt etwas, was ich als „verzögerte Leistungen" bezeichnen möchte: was heute ein Fehlschlag war, kann sich als lebenswichtiger Beitrag zur Leistung von morgen herausstellen — so wie es Propheten gibt, die vor ihrer Zeit geboren werden. Tatsächlich hat dieses Kriterium gegenüber dem Kriterium eines angeblich festen und universellen Prinzips den Vorteil, daß es uns dazu anhalten kann, unser Urteil aufzuschieben oder im Licht der noch ausstehenden Ereignisse zu qualifizieren. Proudhon, der sich gerne in abstrakten moralischen Prinzipien erging, verzieh Napoleon III. den Staatsstreich, nachdem er geglückt war; Marx, der das Kriterium abstrakter moralischer Prinzipien ablehnte, verurteilte Proudhon dafür, daß er ihm verzieh. Wir werden aus einer größeren historischen Entfernung heraus vermutlich darin übereinstimmen, daß Proudhon falsch daran war und Marx recht hatte. Bismarcks Leistung liefert uns einen ausgezeichneten Ausgangspunkt für die Untersuchung des Problems der historischen Beurteilung; ich nehme zwar Isaiahs Kriterium des „praktisch Wirksamsten" an, muß mich aber doch über die engen und kurzsichtigen Grenzen wundern, die er sich offensichtlich bei seiner Anwendung steckt. War, was Bismarck schuf, tatsächlich praktisch wirksam? Ich würde meinen, daß es zu einem ungeheueren Unglück führte. Das soll nicht heißen, daß ich Bismarck, der das deutsche Reich schuf, zu verdammen suche, oder all die Deutschen, die es wollten und schaffen halfen. Aber als Historiker habe ich doch noch viele Fragen zu stellen. Kam es schließlich zum Unglück, weil in der Struktur des Reiches verborgene Fehler lagen, oder weil etwas in den inneren Bedingungen, die es hervorbrachten, es dazu bestimmte, selbstbehauptend und aggressiv zu werden, oder auch weil die europäische oder Weltszene zu dem Zeitpunkt, als das Reich geschaffen wurde, schon so bevölkert war und die Expansionstendenzen unter den bestehenden Großmächten bereits so stark waren, daß das Auftauchen einer neuen expansiven Großmacht genügte, um einen größeren Zusammenstoß auszulösen und das ganze System zu zerstören? Es mag auf Grund der letzten Hypothese falsch sein, Bismarck und das deutsche Volk für das Unglück verantwortlich oder ausschließlich verantwortlich zu halten: man kann die Schuld nicht wirklich dem Stein geben, der die Lawine ins Rollen bringt. Aber eine objektive Beurteilung der Bismarckschen Leistung und ihrer Auswirkungen wartet noch auf eine Beantwortung dieser Frage durch den Historiker, und ich bin mir nicht sicher, ob er bereits in der Lage ist, alle definitiv zu beantworten. Ich würde nur behaupten, daß der Historiker aus den zwanziger Jahren des 20. Jahrhunderts einer objektiven Beurteilung näherkam als der Historiker aus den achtziger Jahren des 19. Jahrhunderts und daß ihr der Historiker von heute wiederum näherkommt als der Historiker aus den zwanziger Jahren; der Historiker aus dem Jahr 2000 mag ihr noch näherkommen. Das illustriert meine These, daß die Objektivität in der Geschichte nicht auf einem festen und unbeweglichen Maßstab der Beurteilung, der hier und jetzt existiert, beruht und beruhen kann, sondern nur auf einem Maßstab, der in die Zukunft gelegt wird und sich in dem Maß entfaltet, als der Lauf der Geschichte fortschreitet. Geschichte hat nur dann Sinn und Objektivität, wenn sie eine kohärente Relation zwischen Vergangenheit und Zukunft aufstellt.

Nun wollen wir wieder auf die angebliche Dichotomie zwischen Faktum und Wert zurückkommen. Werte können nicht von Fakten abgeleitet werden. Diese Behauptung ist teils richtig, teils falsch. Man braucht nur das System der Werte, die in einem Land oder zu einer bestimmten Zeit vorherrschen, zu untersuchen, um zu sehen, bis zu welchem Ausmaß es durch die Fakten der Umgebung geprägt wird. In einer früheren Vorlesung machte ich auf den im Lauf der Geschichte wechselnden Gehalt der Wertbegriffe wie Freiheit, Gleichheit, Gerechtigkeit, aufmerksam. Oder nehmen wir die christliche Kirche, die sich als Institution sehr um die Ausbreitung moralischer Werte bemüht. Stellen Sie die Werte des Urchristentums denjenigen des mittelalterlichen Papsttums gegenüber, oder den Werten des mittelalterlichen Papsttums diejenigen der protestantischen Kirchen des 19. Jahrhunderts. Oder stellen Sie den Werten, die heute von — sagen wir — der christlichen Kirche in Spanien verkündet werden, die Werte, die die christlichen Kirchen in den USA verkünden, gegenüber. Diese Wertunterschiede stammen aus der Verschiedenheit historischer Fakten. Oder bedenken Sie, daß heute die Sklaverei oder die rassische Ungleichheit oder die Ausbeutung der Kinderarbeit — alles einmal als moralisch neutral und achtbar bejaht — die in den letzten 150 Jahren aus den historischen Fakten erwuchsen, allgemein als unmoralisch gelten. Die Behauptung, Werte könnten nicht aus Fakten abgeleitet werden, ist zumindest einseitig und irreführend. Oder kehren wir die Behauptung um. Fakten können nicht von Werten abgeleitet werden. Das ist z. T. richtig, kann aber auch irreführen und bedarf deshalb der Einschränkung. Wenn wir die Fakten wissen wollen, werden die Fragen, die wir stellen, und somit auch die Antworten, die wir finden, durch unser Wertsystem bestimmt. Das Bild, das wir uns von den Fakten unserer Umgebung machen, wird durch unsere Werte geformt, d. h. durch die Kategorien, mit denen wir an die Fakten herangehen; und dieses Bild ist einer der wichtigsten Faktoren, die wir in Rechnung stellen müssen. Die Werte gehen in die Fakten ein und bilden einen wesentlichen Bestandteil von ihnen. Unsere Werte machen einen wesentlichen Bestandteil unserer Ausrüstung als Menschen aus. Unsere Werte versetzen uns in die Lage, uns unserer Umgebung und unsere Umgebung uns anzupassen, jene Herrschaft über unsere Umgebung zu erlangen, die die Geschichte zu einem Bericht des Fortschritts gemacht hat. Aber man darf nicht, um den Kampf des Menschen mit seiner Umgebung zu dramatisieren, eine falsche Antithese und eine falsche Trennung zwischen Fakten und Werten aufstellen. Der Fortschritt in der Geschichte kommt dadurch zustande, daß Fakten und Werte voneinander abhängen und aufeinander wirken. Und der Historiker ist objektiv zu nennen, der in diesen reziproken Prozeß möglichst tief eindringt.

Die alltägliche Bedeutung des Wortes „Wahrheit" — ein Wort, das der Welt der Fakten und der Welt der Werte angehört und aus Elementen beider Bereiche besteht — liefert uns einen Schlüssel zum Problem der Fakten und der Werte. Das ist auch keine besondere Eigenart der englischen Sprache. Man nehme die Worte für Wahrheit in den romanischen Sprachen, im Deutschen, das russische *prawda*[154]: allen ist dieser dualistische Charakter eigen. Jede Sprache scheint dieses Wort zur Benennung einer Wahrheit zu brauchen, die nicht nur eine Darlegung der Fakten und nicht nur ein Werturteil ist, sondern beide Elemente umfaßt. Es mag eine Tatsache sein, daß ich in der vergangenen Woche nach London fuhr; aber für gewöhnlich würden Sie eine solche Tatsache nicht gerade eine Wahrheit nennen: sie besitzt keinerlei Wertinhalt. Auf der anderen Seite können wir, wenn sich die Gründerväter der USA in der Unabhängigkeitserklärung auf die von sich aus evidente Wahrheit, daß alle Menschen gleich geschaffen sind, berufen, das Gefühl haben, daß der Wertinhalt dieser Behauptung ihren faktischen Inhalt überwiegt, und auf dieser Basis bezweifeln, ob sie zu Recht als eine Wahrheit gelten kann. Irgendwo zwischen diesen beiden Polen — dem Nordpol der wertunabhängigen Fakten und dem Südpol der Werturteile, die noch darum kämpfen, sich in Fakten zu verwandeln — liegt der Bereich der historischen Wahrheit. Der Historiker ist, wie ich in meiner ersten Vorlesung sagte, das Zünglein an der Waage zwischen Tatsache und Interpretation, zwischen Tatsache und Wert. Er kann sie nicht voneinander trennen. Es kann sein, daß man in einer statischen Welt zwischen Faktum und Wert unterscheiden muß; aber in einer statischen Welt wäre Geschichte sinnlos. Geschichte ist ihrem Wesen nach Wechsel, Bewegung, oder — falls Sie das altmodische Wort nicht bekritteln — Fortschritt.

Deshalb komme ich abschließend auf Actons Beschreibung des Fortschritts als „die wissenschaftliche Hypothese, auf deren Grundlage Geschichte geschrieben werden muß", zurück. Man kann, wenn man will, die Geschichte zur Theologie machen, indem man den Sinn der Vergangenheit von einer außergeschichtlichen und irrationalen Macht abhängig macht. Ebenso kann man, wenn man will, die Geschichte zur Literatur machen — zu einer sinn- und bedeutungslosen Geschichten- und Legendensammlung über die Vergangenheit. Geschichte, die ihren Namen verdient, kann nur von denjenigen geschrieben werden, die einen Richtungssinn in der Geschichte selbst finden und annehmen. Der Glaube, daß wir von irgendwoher gekommen sind, ist eng verknüpft mit dem Glauben, daß wir irgendwohin gehen. Eine Gesellschaft, die den Glauben an ihre zukünftige Fortschrittsmöglichkeit verloren hat, wird bald aufhören, sich mit ihrem Fortschritt in der Vergangenheit zu beschäftigen. Wie ich schon zu Beginn meiner ersten Vorlesung sagte, unsere Geschichtsauffassung spiegelt unsere Gesellschaftsauffassung. Ich komme nun zu meinem Ausgangspunkt zurück und gebe meinem Glauben an die Zukunft der Gesellschaft und an die Zukunft der Geschichte Ausdruck.

VI

DER HORIZONT ERWEITERT SICH

Ich habe in diesen Vorlesungen eine Geschichtsauffassung vertreten, die in der Geschichte einen in ständiger Bewegung begriffenen Prozeß sieht, in dem sich der Historiker mit fortbewegt. Diese Auffassung führt mich nun allem Anschein nach zu einigen abschließenden Reflexionen über die Stellung der Geschichte und des Historikers in unserer Zeit. Wir leben in einer Epoche, in der — nicht zum ersten Mal in der Geschichte — Vorhersagen einer Weltkatastrophe in der Luft liegen, die schwer auf allen lasten. Sie können weder bewiesen noch widerlegt werden. Aber sie sind auf jeden Fall sehr viel ungewisser als die Vorhersage, daß wir alle sterben müssen; und wie uns die Gewißheit dieser Vorhersage nicht daran hindert, unsere Zukunft vorauszuplanen, so werde ich fortfahren, die Gegenwart und die Zukunft unserer Gesellschaft unter der Voraussetzung zu diskutieren, daß dieses Land — oder wenn nicht dieses Land, so doch ein größerer Teil der Welt — die Gefahren, die uns bedrohen, überleben wird, daß die Geschichte weitergehen wird.

Die Mitte des 20. Jahrhunderts findet die Welt in einem Wandlungsprozeß, der an Tiefgang und Breitenwirkung alles übertreffen dürfte, was über die Welt kam, seit die mittelalterliche Lebensordnung in Trümmer ging und im 15. und 16. Jahrhundert die Grundlagen der modernen Welt gelegt wurden. Die Wandlungen sind letzten Endes ohne allen Zweifel ein Produkt der wissenschaftlichen Entdeckungen und Erfindungen, ihrer immer ausgedehnteren Anwendungen und der sich aus ihnen direkt oder indirekt ergebenden Entwicklungen. Das deutlichste Kennzeichen der Wandlung ist eine soziale Revolution, der vergleichbar, die einer neuen Klasse, die sich auf die Finanzmacht und den Handel und später auf die Industrie stützte, zur Macht verhalf. Es würde hier zu weit führen, wollte ich mich auf die verzweigten Probleme unserer industriellen und gesellschaftlichen Struktur einlassen. Aber der Wandel hat zwei Aspekte, die sich unmittelbar auf mein Thema beziehen — er ist, so möchte ich sagen, ein Wandel in der Tiefe und ein Wandel in der geographischen Ausdehnung. Ich werde versuchen, beide Punkte kurz zu erörtern.

Geschichte fängt an, wenn die Menschen damit beginnen, den Ablauf der Zeit nicht mehr als natürlichen Prozeß aufzufassen — als Zyklus der Jahreszeiten, der menschlichen Lebensspanne —, sondern als eine Reihe spezifischer Ereignisse, an denen sie bewußt teilhaben, die sie bewußt beeinflussen können. „Geschichte", sagt Burckhardt, „ist der durch das Erwachen des Bewußtseins verursachte Bruch mit der Natur".[155] Geschichte ist das lange Ringen des Menschen, durch den Einsatz seiner Vernunft seine Umgebung zu verstehen und auf sie einzuwirken. Aber die moderne Periode hat den Kampf in revolutionärer Weise erweitert. Der Mensch sucht nicht länger allein seine Umgebung zu verstehen und zu formen, sondern auch sich selber; und das hat sozusagen der Vernunft und der Geschichte eine neue Dimension hinzugefügt. Von allen Zeiten hat die gegenwärtige das stärkste historische Bewußtsein. Der moderne Mensch ist sich in einem noch nie dagewesenen Ausmaß seiner selbst und somit der Geschichte bewußt. Begierig späht er in das Zwielicht, aus dem er gekommen ist, in der Hoffnung, seine schwachen Strahlen könnten die Dunkelheit, in die er geht, erleuchten; und umgekehrt beschleunigen seine Hoffnungen und Ängste um den Weg, der vor ihm liegt, seine Einsicht in das, was hinter ihm liegt. Vergangenheit, Gegenwart und Zukunft sind in der endlosen Kette der Geschichte miteinander verknüpft.

Man kann sagen, daß der Wandel in der modernen Welt, der in der Entwicklung des Bewußtseins, das der Mensch von sich selbst erlangte, bestand, mit Descartes begann, der als erster im Menschen ein Wesen sah, das nicht nur denken, sondern über sein Denken denken kann, so daß es also gleichzeitig Subjekt und Objekt des Denkens und der Beobachtung ist. Aber die Entwicklung trat erst in der zweiten Hälfte des 18. Jahrhunderts deutlich zutage, als Rousseau dem menschlichen Selbstbewußtsein neue Tiefen auftat und dem Menschen einen neuen Ausblick auf die Welt der Natur und die traditionelle Kultur eröffnete. „Die Französische Revolution", sagt Tocqueville, war inspiriert von „dem Glauben, daß vor allem der Komplex der traditionellen Sitten, die die soziale Ordnung der Zeit bestimmten, durch einfache, elementare Regeln ersetzt werden müsse, die sich aus der menschlichen Denktätigkeit und aus dem Naturgesetz ableiteten".[156] „Bis dahin", schrieb Acton in einer seiner Manuskriptanmerkungen, „hatten die Menschen nie bewußt die Freiheit gesucht";[157] für Acton wie für Hegel war Freiheit nicht weit von Vernunft entfernt. Und mit der Französischen Revolution war die amerikanische Revolution verbunden.

„Vor vier mal zwanzig und sieben Jahren brachten unsere Väter auf diesem Kontinent eine neue Nation hervor, in Freiheit empfangen und dem Grundsatz geweiht, daß alle Menschen gleich geschaffen sind."

Es war, wie es aus Lincolns Worten hervorgeht, ein einzigartiges Ereignis — das erste Mal in der Geschichte, daß Menschen willentlich und bewußt eine Nation bildeten und sich dann bewußt und willentlich daranmachten, anderen Menschen diese Form einzupflanzen. Schon im 17. und 18. Jahrhundert war sich der Mensch seiner Umwelt und ihrer Gesetze völlig bewußt geworden. Sie waren nicht mehr die mysteriösen Erlässe eines unerforschlichen Schicksals, sondern dem Verstand zugängliche Gesetze. Aber die Gesetze wurden nicht vom Menschen gemacht, er war ihnen unterworfen. Auf der nächsten Stufe sollte sich der Mensch der Macht, die er über seine Umgebung und über sich selbst besaß, und seines Rechts, die Gesetze aufzustellen, unter denen er leben wollte, völlig bewußt werden.

Der Übergang vom 18. Jahrhundert zur modernen Welt vollzog sich langsam und schrittweise. Die repräsentativen Philosophen waren Hegel und Marx; beide nehmen eine ambivalente Stellung ein. Hegel ist in der Idee verwurzelt, daß sich die Gesetze der Vorsehung in Gesetze der Vernunft überführen lassen. Hegels Weltgeist ergreift mit der einen Hand die Vorsehung und mit der anderen die Vernunft. Er sagt erneut, was Adam Smith schon sagte. Individuen „befriedigen ihre eigenen Bedürfnisse; aber dadurch wird noch etwas darüber hinaus vollbracht, was in ihrer Aktion latent ist, wenn es auch ihrem Bewußtsein nicht gegenwärtig ist." Über die rationale Absicht des Weltgeistes schreibt er, daß die Menschen „gerade darin, daß sie sie verwirklichen, die Gelegenheit ergreifen, ihre Leidenschaften zu befriedigen, deren Ziel sich von jener Absicht unterscheidet." Das ist lediglich die Harmonie der Interessen, in die Sprache der deutschen Philosophen übersetzt.[158] Hegels Äquivalent für Smiths „unsichtbare Hand" war die berühmte „List der Vernunft", die die Menschen dazu bringt, ihnen unbewußte Ziele zu erreichen. Aber nichtsdestoweniger war Hegel der Philosoph der Französischen Revolution, der als erster das Wesen der Wirklichkeit im historischen Wandel und in der Entwicklung des Bewußtseins, das der Mensch von sich selbst hat, sah. Entwicklung in der Geschichte bedeutet Entwicklung auf den Begriff der Freiheit zu. Aber nach 1815 blieb die Inspiration der Französischen Revolution in der Niedergeschlagenheit der Restauration stecken. Hegel war politisch gesehen zu zaghaft und in seinen späteren Jahren außerdem zu sehr hinter den Einrichtungen seiner Zeit verschanzt, um seinen metaphysischen Ausführungen irgendeinen konkreten Gehalt zu geben. Herzen beschrieb Hegels Doktrinen „als die Algebra der Revolution". Diese Formulierung ist außerordentlich zutreffend. Hegel lieferte die Formeln, gab ihnen aber keinen praktischen Inhalt. Es blieb Marx überlassen, Hegels algebraische Gleichungen arithmetisch auszufüllen.

Marx, ein Schüler von Adam Smith und Hegel, ging von der Auffassung aus, die Welt sei durch rationale Naturgesetze geordnet. Er ging wie Hegel, nur in praktischer und konkreter Form, zu der Auffassung über, die Welt sei durch Gesetze geordnet, die sich in einem rationalen Prozeß als Antwort auf die revolutionäre Initiative des Menschen entfalteten. In seiner endgültigen Synthese stand Geschichte für drei Dinge, die unauflöslich miteinander verbunden waren und ein zusammenhängendes, rationales Ganzes ergaben: für den Lauf der Ereignisse in Übereinstimmung mit objektiven, vornehmlich ökonomischen Gesetzen; für die entsprechende Entwicklung des Denkens durch einen dialektischen Prozeß; und für die entsprechende Aktion in Form des Klassenkampfes, der Theorie und Praxis der Revolution versöhnt und vereint. Marx bietet uns eine Synthese aus objektiven Gesetzen und bewußter Tat — aus Determinismus und Voluntarismus, wie man manchmal, allerdings irreführend, sagt —, um beide in die Praxis überzuführen. Marx schreibt ständig von Gesetzen, denen die Menschen bislang, ohne sich ihrer bewußt zu sein, unterworfen waren: mehr als einmal verweist er

auf das, was er „die falsche Bewußtheit" derjenigen nennt, die in die kapitalistische Wirtschaft und Gesellschaft verstrickt sind:
„... es versteht sich ganz von selbst, daß in den Köpfen der kapitalistischen Produktions- und Zirkulationsagenten sich Vorstellungen über die Produktionsgesetze bilden müssen, die von diesen Gesetzen ganz abweichen ..."[159]

Aber man findet in Marx' Schriften auffallende Beispiele für Aufrufe zu bewußt revolutionärem Handeln. „Die Philosophen haben die Welt nur verschieden interpretiert", heißt es in der berühmten 11. These über Feuerbach, „es kommt aber darauf an, sie zu verändern."[160] „Das Proletariat", erklärt das *Kommunistische Manifest*, „wird seine politische Herrschaft dazu benutzen, der Bourgeosie nach und nach alles Kapital zu entreißen, alle Produktionsmittel in den Händen des Staats... zu zentralisieren."[161]

Und im *18. Brumaire des Louis Bonaparte* sprach Marx von „der intellektuellen Selbstbewußtheit, die in einem jahrhundertelangen Prozeß alle traditionellen Ideen auflöst". Das Proletariat sollte die falsche Bewußtheit der kapitalistischen Gesellschaft auflösen und die wahre Bewußtheit der klassenlosen Gesellschaft einführen. Aber der Fehlschlag der Revolution von 1848 war für die Entwicklung, die unmittelbar bevorzustehen schien, als Marx mit seiner Arbeit begann, ein ernster und dramatischer Rückschlag. Der zweite Teil des 19. Jahrhunderts spielte sich in einer vorwiegend wohlhabenden und sicheren Atmosphäre ab. Erst mit der Jahrhundertwende vollzog sich endgültig der Übergang zur zeitgenössischen Geschichtsperiode; die Vernunft sollte nun nicht mehr in erster Linie die objektiven Gesetze, die das Verhalten des Menschen in der Gesellschaft bestimmen, verstehen, sondern eher die Gesellschaft und die Individuen, aus denen sie sich zusammensetzt, durch bewußte Aktion neuformen. Bei Marx bleibt die „Klasse", obwohl sie nicht genau definiert wird, im großen und ganzen ein objektiver Begriff, der durch die Analyse der ökonomischen Verhältnisse festgelegt werden muß. Lenin verlagert den Akzent von der „Klasse" auf die „Partei", die die Vorhut der Klasse darstellt und ihr die notwendigen Elemente des Klassenbewußtseins beibringt. Bei Marx ist „Ideologie" ein negativer Begriff — ein Produkt des falschen Bewußtseins der kapitalistischen Gesellschaftsordnung. Bei Lenin wird „Ideologie" neutral oder positiv — zu einem Glauben, der der Masse der potentiell klassenbewußten Arbeiter von einer Elite klassenbewußter Führer eingepflanzt wird. Die Formung des Klassenbewußtseins ist nicht länger ein automatischer Prozeß, sondern eine Arbeit, die getan sein will.

Freud ist der andere große Denker, der der Vernunft in unserer Zeit eine neue Dimension hinzugefügt hat. Er ist bis in unsere Zeit eine etwas rätselhafte Figur geblieben. Nach Erziehung und Hintergrund war er ein liberaler Individualist aus dem 19. Jahrhundert, der ohne viele Fragen die allgemeine, aber irreführende Annahme teilte, zwischen Individuum und Gesellschaft bestehe ein grundlegender Gegensatz. Er sah den Menschen eher unter biologischem als unter soziologischem Aspekt und neigte so dazu, die soziale Umgebung eher als etwas historisch Gegebenes als als etwas, das durch den Menschen selbst einer ständigen Neuschöpfung und Umformung unterzogen wird, aufzufassen. Von den Marxisten wurde er dafür angegriffen, daß er sich den in Wirklichkeit sozialen Problemen vom Standpunkt des Individuums näherte und aus diesem Grund als reaktionär verurteilt; aber dieser Vorwurf, der auf Freud nur z. T. zutraf, trifft viel eher auf die gegenwärtige neufreudianische Schule in den USA zu, die annimmt, die mangelnde Anpassung liege beim Individuum und nicht in der Struktur der Gesellschaft, und die auf Grund dessen die Anpassung des Individuums an die Gesellschaft als die wesentliche Funktion der Psychologie behandelt. Weiterhin beschuldigt man Freud gewöhnlich, er habe dem Irrationalen im menschlichen Leben eine größere Rolle zugewiesen; aber das ist Unsinn, hier wird die Anerkennung des irrationalen Elementes im menschlichen Dasein ganz einfach gröblich mit dem Kult des Irrationalen verwechselt. Unglücklicherweise trifft es zu, daß es heute im englischsprechenden Teil der Welt einen Kult des Irrationalen u. a. in Form von abschätzigen Urteilen über die Leistungen und Möglichkeiten der Vernunft gibt; er gehört zur gegenwärtigen Welle von Pessimismus und Ultrakonservativismus, auf die ich später noch zu sprechen kommen werde. Aber er stammt nicht von Freud, der ein unqualifizierter und ziemlich primitiver Rationalist war. Freud erweiterte lediglich den Bereich unseres Wissens und Verständnisses, indem er die unbewußten Wurzeln des menschlichen Verhaltens dem Bewußtsein und der rationalen Untersuchung erschloß. Dadurch wurden der Vernunft neue Bereiche zugänglich gemacht und die Fähigkeit des Menschen, sich selbst zu verstehen und somit sich und seine Umwelt zu kontrollieren, vergrößert; das war eine revolutionäre und fortschrittliche Leistung. In dieser Hinsicht ergänzt Freud das Werk von Marx, ohne ihm zu widersprechen. Freud rechnet in dem Sinn zu den Zeitgenossen, als er, wenn er sich selbst der Konzeption einer fixierten und unveränderlichen menschlichen Natur auch nicht ganz entziehen konnte, praktische Hilfsmittel für ein tiefergreifendes Verständnis der Wurzeln des menschlichen Verhaltens lieferte und es somit der bewußten Modifikation durch rationale Prozesse erschloß.

Für den Historiker ist Freud aus zwei Gründen bedeutsam. Erstens hat er den letzten Sargnagel für die alte Illusion geliefert, die Motive, die die Menschen für ihre Handlungen angeben oder aus denen sie zu handeln glauben, genügten in der Tat zur Erklärung ihrer Handlungen: das ist eine negative Leistung von einiger Bedeutung; einige Enthusiasten erheben allerdings den positiven Anspruch, durch die Methode der Psychoanalyse Licht auf das Verhalten der großen Männer der Geschichte zu werfen, aber diese Meinung bedarf einer Prise Salz. Das Verfahren der Psychoanalyse beruht auf einem Kreuzverhör des zu explorierenden Patienten. Aber die Toten kann man keinem Kreuzverhör mehr unterziehen. Zweitens hat Freud dadurch, daß er das Werk von Marx untermauerte, den Historiker dazu ermuntert, sich selbst und seine Stellung in der Geschichte zu analysieren, die — vielleicht verborgenen — Motive, die die Wahl seines Themas oder Zeitabschnitts und die Auswahl und Interpretation seiner Fakten bestimmten, genauer unter die Lupe zu nehmen, den nationalen und sozialen Hintergrund, der seinen Blickpunkt bestimmte, die Konzeption der Zukunft, die seine Konzeption der Vergangenheit prägt, zu untersuchen. Seit Marx und Freud gibt es für den Historiker keine Entschuldigung mehr, die es ihm erlaubte, sich selbst für ein abgelöstes Individuum zu halten, das außerhalb von Gesellschaft und Geschichte steht. Wir leben in einer Zeit der Selbstbewußtheit; der Historiker könnte und sollte wissen, was er tut.

Der Übergang zur, wie ich sagte, zeitgenössischen Welt, die Ausdehnung der Funktion und Macht der Vernunft auf neue Sphären, ist noch nicht abgeschlossen: er ist ein Teil des revolutionären Wandels, den die Welt des 20. Jahrhunderts erlebt. Ich möchte nun einige der bedeutendsten Übergangssymptome untersuchen.

Lassen Sie mich mit der Wirtschaft beginnen. Bis 1914 war der Glaube an die Objektiviäv, der das ökonomische Verhalten der Menschen und Nationen bestimmte, den sie nur zu ihrem eigenen Schaden herausfordern konnten, im wesentlichen unangefochten geblieben. Der Kreislauf des Handels, Preisschwankungen, Arbeitslosigkeit, waren durch diese Gesetze determiniert. Noch 1930, als die große Depression einsetzte, dominierte diese Auffassung. Dann nahm alles einen raschen Verlauf. In den dreißiger Jahren begann man dann vom „Ende des homo oeconomicus" zu sprechen, worunter man einen Menschen verstand, der in Übereinstimmung mit den ökonomischen Gesetzen konsequent seine wirtschaftlichen Interessen verfolgte; und seit der Zeit glaubt — abgesehen von ein paar Rip van Winkles aus dem 19. Jahrhundert — niemand mehr in dem Sinn an ökonomische Gesetze. Heute ist die Wirtschaft teils zu einer Reihe theoretisch-mathematischer Gleichungen, teils zu der praktischen Untersuchung geworden, wie die einen die anderen antreiben. Dieser Wandel ist in der Hauptsache ein Produkt des Übergangs vom Frühkapitalismus zum Hochkapitalismus. Solange die einzelnen Unternehmer und Kaufleute in der Mehrzahl waren, schien niemand die Wirtschaft kontrollieren oder bemerkenswert beeinflussen zu können; und so blieb die Illusion von unpersönlichen Gesetzen und Prozessen erhalten. Sogar die Bank von England hielt man zur Zeit ihrer größten Machtfülle nicht für einen geschickten Unternehmer und Spekulanten, sondern für einen objektiven und gleichsam automatischen Registrator wirtschaftlicher Tendenzen. Aber mit dem Übergang von der freien Wirtschaft zur gelenkten Wirtschaft — gleichgültig, ob es sich dabei nun um eine kapitalistische oder sozialistische Planwirtschaft, um staatliche Planung oder um die Lenkung durch großkapitalistische und nominell private Konzerne handelt — hat sich diese Illusion aufgelöst. Es wird klar, daß bestimmte Leute zu bestimmten Zwecken bestimmte Entscheidungen treffen und daß diese Entscheidungen den ökonomischen Lauf der Dinge bestimmen. Jedermann weiß heutzutage, daß der Öl- oder Seifenpreis nicht von irgendeinem objektiven Gesetz von Angebot oder Nachfrage abhängt. Jedermann weiß oder glaubt zu wissen, daß Preisstürze und Arbeitslosigkeit Menschenwerk sind: die Regierungen geben zu, behaupten sogar, sie wüßten, wie sie zu beheben wären. Es vollzog sich ein Übergang vom *laissez-faire* zum Planen, vom Unbewußten zum Selbstbewußten, vom Glauben an objektive ökonomische Gesetze zum Glauben, daß der Mensch durch eigene Aktion Herr seines ökonomischen Schicksals sein könne. Die Sozialpolitik ging Hand in Hand mit der Wirtschaftspolitik: ja, die Wirtschaftspolitik ist der Sozialpolitik sogar einverleibt worden. Lassen Sie mich hier aus dem letzten Band der ersten *Cambridge Modern History,* der 1910 erschien, einen höchst aufschlußreichen Kommentar anführen, dessen Autor alles andere als ein Marxist war und vermutlich nie etwas von Lenin gehört hatte:

„Der Glaube an die Möglichkeit einer Sozialreform durch bewußte Anstrengungen ist die dominierende Strömung des europäischen Geistes; er ist an die Stelle des Glaubens, Freiheit sei das alleinige Heilmittel, getreten ... Seine Vorherrschaft in der Gegenwart ist ebenso bedeutsam und trächtig wie der Glaube an die Menschenrechte zur Zeit der Französischen Revolution."[162]

Heute, fünfzig Jahre nach dem Erscheinen dieser Stelle, mehr als vierzig Jahre nach der russischen Revolution und dreißig Jahre nach der großen Depression, ist dieser Glaube zum Gemeinplatz geworden; und der Übergang von der Unterwerfung unter objektive, ökonomische Gesetze, die sich trotz ihrer angeblichen Rationalität der menschlichen Kontrolle entzogen, zum Glauben an die Kapazität des Menschen, sein wirtschaftliches Schicksal durch bewußtes Handeln zu steuern, scheint mir einen Fortschritt in der Anwendung der Vernunft auf die menschlichen Angelegenheiten darzustellen, eine größere Fähigkeit im Menschen, sich selbst und seine Umgebung zu verstehen und zu beherrschen — und das würde ich, wenn es sein müßte, durchaus mit dem altmodischen Wort Fortschritt bezeichnen.

Ich kann nicht genügend weit ausholen, um die Prozesse, die sich auf den anderen Gebieten in ähnlicher Weise auswirkten, im einzelnen zu beschreiben. Sogar der Wissenschaft geht es jetzt, wie wir gesehen haben, weniger darum, objektive Naturgesetze zu erforschen und aufzustellen, als darum, Arbeitshypothesen zu finden, die es dem Menschen ermöglichen, die Natur seinen Zwecken nutzbar zu machen und seine Umgebung umzugestalten. Noch bedeutsamer ist, daß der Mensch begonnen hat, durch bewußten Einsatz der Vernunft nicht nur seine Umwelt, sondern auch sich selbst umzuformen. Zu Ende des 18. Jahrhunderts versuchte Malthus in einem epochemachenden Werk objektive Bevölkerungsgesetze aufzustellen, die wie die Marktgesetze von Adam Smith funktionieren sollten, ohne daß sich irgend jemand des Prozesses bewußt ist. Heutzutage glaubt kein Mensch mehr an solche objektiven Gesetze; aber die Bevölkerungskontrolle ist zum Gegenstand der rationalen und bewußten Sozialpolitik geworden. Wir haben gesehen, wie es menschlichem Bemühen in unserer Zeit gelang, die Spanne des menschlichen Lebens zu verlängern, und wie sich das Gleichgewicht innerhalb der Generationen in unserer Bevölkerung verschoben hat. Wir haben von Drogen gehört, die mit der Absicht, das menschliche Verhalten zu beeinflussen, verwendet wurden, und von chirurgischen Eingriffen, die den menschlichen Charakter verändern sollten. Der Mensch wie die Gesellschaft hat sich geändert und beide sind vor unseren Augen durch bewußte menschliche Anstrengungen geändert worden. Aber die bedeutsamsten Änderungen haben uns vermutlich die Entwicklung und Anwendung der modernen Überredungs- und Meinungsbildungsmethoden gebracht. Heutzutage versuchen die Erzieher auf allen Ebenen immer bewußter, die Gesellschaft auf eine bestimmte Form hin mitzuprägen und der heranwachsenden Generation die Einstellungen, Verbindlichkeiten und Meinungen, die zu dieser Art Gesellschaft gehören, einzuschärfen; die Erziehungspolitik ist ein Bestandteil jedweder rational geplanten Sozialpolitik. Die Hauptfunktion des Denkens, das sich mit dem Menschen in der Gesellschaft befaßt, ist nicht länger die Untersuchung, sondern die Umformung; und dieses erhöhte Bewußtsein von der Macht des Menschen, die Lenkung seiner sozialen, ökonomischen und politischen Angelegenheiten durch die Anwendung rationaler Prozesse zu verbessern, ist m. E. einer der hauptsächlichsten Aspekte der Revolution im 20. Jahrhundert.

Diese Ausweitung der Vernunft ist nur ein Teil des, wie ich in einer früheren Vorlesung sagte, „Individualisierungsprozesses" — der Ausfaltung individueller Geschicklichkeiten, Beschäftigungen und Möglichkeiten, die als Begleitumstand der fortschreitenden Zivilisation auftritt. Vielleicht ist die am weitesten reichende soziale Folge der industriellen Revolution die progressiv zunehmende Zahl derjenigen, die zu denken und ihre Vernunft zu gebrauchen lernen. Die Leidenschaft für den „ganz allmählichen Fortschritt" ist in Großbritannien dergestalt, daß die Bewegung manchmal kaum mehr wahrnehmbar ist. Den größten Teil eines Jahrhunderts haben wir auf den Lorbeeren einer allgemeinen Elementarbildung ausgeruht; bis jetzt haben wir noch keine großen oder raschen Fortschritte in der allgemeinen höheren Bildung gemacht. Das war, solange wir an der Spitze der Welt standen, nicht weiter wichtig. Jetzt aber, wo wir von anderen, die es eiliger haben als wir, überrollt werden und wo sich das Tempo allenthalben durch den technologischen Wandel beschleunigt hat, ist es doch von einiger Bedeutung. Denn die soziale Revolution und die technologische Revolution und die wissenschaftliche Revolution sind Teile desselben Prozesses. Denken Sie, wenn Sie ein akademisches Beispiel für den Individualisierungsprozeß wollen, an die ungeheure Ausfaltung, die die Geschichte oder die Naturwissenschaft oder jede andere Einzelwissenschaft während der letzten 50 oder 60 Jahre erfahren hat, und daran, wie erstaunlich sich die Möglichkeiten individueller Spezialisierung, die sie bietet, erweitert haben. Aber ich habe für den Prozeß auf einer anderen Ebene ein noch viel eindrucksvolleres Beispiel. Vor mehr als 30 Jahren hörte sich ein hoher deutscher Offizier bei einem Besuch in der Sowjetunion einige aufschlußreiche Bemerkungen eines sowjetischen Offiziers über den Aufbau der roten Luftmacht an:

„Wir Russen haben es bis jetzt noch mit einem primitiven Menschenmaterial zu tun. Wir sind gezwungen, das Flugzeug dem Typ des Flugzeugführers, über den wir nun mal verfügen, anzupassen. In dem Maße, in dem es uns gelingt, einen neuen Menschentyp heranzuzüchten, wird auch die technische Entwicklung des Materials vervollkommnet werden. Beide Faktoren bedingen einander. Man kann nicht primitive Menschen in komplizierte Maschinen setzen."[163]

Wir wissen, daß heute, nur eine Generation später, die russischen Maschinen nicht mehr primitiv sind und daß auch Millionen russischer Männer und Frauen, die diese Maschinen entwerfen, bauen und bedienen, alles andere als primitiv sind. Als Historiker interessiere ich mich vor allem für das zweite Phänomen. Die Rationalisierung der Produktion ist Zeichen für etwas noch viel Wichtigeres — für die Rationalisierung des Menschen. Heute lernen primitive Menschen auf der ganzen Welt komplizierte Maschinen bedienen und dadurch denken, sich ihrer Vernunft bedienen. Die Revolution, die man zu Recht eine soziale Revolution nennen könnte, die ich aber im gegebenen Zusammenhang als die Ausbreitung der Vernunft bezeichnen möchte, steht erst am Anfang. Aber sie schreitet unsicheren Schrittes voran, um sich mit den schwankenden technologischen Fortschritten der letzten Generation auf gleicher Höhe zu halten. Darin liegt m. E. einer der Hauptaspekte der Revolution im 20. Jahrhundert.

Manche unserer Pessimisten und Skeptiker würden mich sicherlich zur Ordnung rufen, wenn ich es jetzt unterließe, auf die Gefahren und zweideutigen Aspekte der der Vernunft in unserer Zeit zugeschriebenen Rolle hinzuweisen. In einer früheren Vorlesung wies ich darauf hin, daß die zunehmende Individualisierung im beschriebenen Sinn kein Nachlassen des konformierenden und uniformierenden Drucks, den die Gesellschaft ausübt, einbegreift. Nun, das ist eines der Paradoxe unserer vielschichtigen modernen Gesellschaft. Die Erziehung, die ein notwendiges und mächtiges Instrument zur Förderung und Erweiterung der individuellen Fähigkeiten und Möglichkeiten und somit der zunehmenden Individualisierung ist, ist gleichzeitig in den Händen gewisser Interessengruppen ein machtvolles Instrument zur Förderung der sozialen Uniformität. Wünsche nach einem verantwortungsbewußteren Rundfunk, einem verantwortlicheren Fernsehen oder einer verantwortungsbewußteren Presse, wie man sie häufig hören kann, richten sich in erster Linie gegen gewisse negative Phänomene, die sich leicht verurteilen lassen. Aber sie werden schnell zum Vorwand, diese mächtigen Instrumente der Massenbeeinflussung dahingehend zu benützen, die wünschenswerten Geschmacksrichtungen und die wünschenswerten Meinungen — der Maßstab, der entscheidet, was wünschenswert ist, findet sich in den bejahten Geschmacksrichtungen und Meinungen der Gesellschaft — einzuschärfen. Solche Kampagnen sind in der Hand derjenigen, welche sie fördern, bewußte und rationale Prozesse, die so gelenkt sind, daß die Gesellschaft durch Beeinflussung ihrer individuellen Glieder in eine gewünschte Richtung geformt wird. Der Werbefachmann und der politische Propagandist sind weitere schlagende Beispiele für diese Gefahren. Die beiden Rollen fallen auch oft genug zusammen; in den USA verwenden Parteien und Kandidaten öffentlich Werbefachleute, um sich den Erfolg zu sichern; in Großbritannien geschieht dasselbe, wenn auch auf etwas einfältigere Weise. Die beiden Vorgehen sind einander, auch wenn formale Unterschiede auftreten, bemerkenswert ähnlich. Werbefachleute und die Chefs der Propagandaabteilungen der großen politischen Parteien sind hochintelligente Männer, die alle Register der Vernunft zu ihrem Nutzen zu ziehen wissen. Wie wir schon anhand anderer Beispiele gesehen haben, wird die Vernunft nicht nur zur Ausforschung eingesetzt, sondern konstruktiv gebraucht, nicht statisch, sondern dynamisch. Den Werbefachleuten und professionellen Wahlkampfmanagern geht es nicht in erster Linie um die bestehenden Fakten. Sie interessieren sich für das, was der Verbraucher oder der Wähler jetzt glaubt, und für die Ereignisse nur insoweit, als es für das Endergebnis brauchbar ist, d. h. sie interessieren sich nur für das, was der Verbraucher oder Wähler, wenn man ihn geschickt behandelt, zu glauben oder zu wünschen bereit ist. Außerdem hat ihnen das Studium der Massenpsychologie gezeigt, daß sie ihre Ansichten am schnellsten an den Mann bringen, wenn sie ein irrationales Element in der Struktur des Kunden oder des Wählers ansprechen; wir sehen also, wie eine Elite professioneller Industrieller oder Parteiführer durch rationale Prozesse, die weiterentwickelt sind als je zuvor, ihre Ziele erreicht, indem sie den Irrationalismus der Massen versteht, ja mit ihm ein Geschäft macht. Man wendet sich nicht in erster Linie an die Vernunft; man wendet hauptsächlich ein Verfahren an, das Oscar Wilde „unter den Intellekt·schlagen" nannte. Ich habe nun das Bild ein bißchen überzeichnet, damit man mir nicht vorwerfen kann, ich unterschätze die Gefahr.[164] Im großen und ganzen jedoch ist es richtig und leicht auf andere Sphären übertragbar. In jeder Gesellschaft werden von den herrschenden Gruppen mehr oder weniger starke Zwangsmaßnahmen angewandt, um die Massenmeinung zu organisieren und zu kontrollieren. Diese Methode scheint deshalb besonders schlimm, weil sie einen Mißbrauch der Vernunft bedeutet.

Auf diese ernstzunehmende und wohlfundierte Anklage kann ich nur mit zwei Argumenten antworten. Das erste ist recht gut bekannt: jede Erfindung, jede Neuerung, jede im Lauf der Geschichte neu entdeckte Technik hat ihre schlechten wie guten Seiten. Immer muß jemand für die Kosten aufkommen. Ich weiß nicht, wie viel Zeit nach der Erfindung der Buchdruckerkunst verstrich, bis die Kritiker anfingen, darauf hinzuweisen, daß sie die Verbreitung irriger Meinungen erleichtere. Heutzutage ist es ein Gemeinplatz, die tödlichen Straßenunfälle, die durch das Aufkommen des Automobils verursacht werden, zu beklagen; und sogar einige Wissenschaftler bedauern, Mittel und Wege, die Atomenergie freizusetzen, entdeckt zu haben, da man diese Entdeckungen — was ja auch tatsächlich geschehen ist — in katastrophaler Weise ausnützen kann. Solche Einwände haben in der Vergangenheit nichts genützt und werden wahrscheinlich auch in Zukunft nichts nützen: es wird auch weiterhin neue Entdeckungen und Erfindungen geben. Was wir von den Techniken und Möglichkeiten der Massenpropaganda gelernt haben, läßt sich nicht einfach auslöschen. Es ist ebenso unmöglich, zu der auf schmaler individueller Basis ruhenden Demokratie Lockes oder der liberalen Theorie, wie sie das Großbritannen der Mitte des 19. Jahrhunderts z. T. verwirklicht hatte, zurückzukehren, wie zur Pferdekutsche oder zum frühen *laissez-faire* Kapitalismus. Die wahre Antwort lautet dahin, daß alle diese Übel ihr Gegenmittel in sich enthalten. Das Mittel liegt nicht in einem Kult des Irrationalismus oder in einem Verzicht auf die ausgedehnte Rolle der Vernunft in der modernen Gesellschaft, sondern vielmehr darin, daß sich alle sozialen Schichten immer mehr der Rolle, die die Vernunft spielen kann, bewußt werden. In einer Zeit, in der alle Gesellschaftsschichten durch unsere technologische und wissenschaftliche Revolution gezwungen werden, von der Vernunft immer ausgedehnteren Gebrauch zu machen, ist das kein utopischer Traum. Dieser Fortschritt hat, wie jeder andere große Fortschritt in der Geschichte, seine Kosten und Verluste, die man bezahlen, und auch seine Gefahren, denen man ins Auge sehen muß. Aber ungeachtet aller Skeptiker, Zyniker und Unglückspropheten, die sich hauptsächlich unter den Intellektuellen der Länder finden, deren frühere Vormachtstellung unterhöhlt worden ist, schäme ich mich nicht, den ausgedehnteren Gebrauch der Vernunft als außerordentliches Beispiel für den Fortschritt in der Geschichte zu behandeln. Er ist vielleicht das auffallendste und revolutionärste Phänomen unserer Zeit.

Der zweite Aspekt der progressiven Revolution, die wir erleben, ist die veränderte Gestalt der Welt. Die große Zeit des 15. und 16. Jahrhunderts, in der die mittelalterliche Welt schließlich zusammenbrach und die Grundlagen der modernen Welt gelegt wurden, tat sich vor allem durch die Entdeckung neuer Kontinente und durch die Verlagerung des Weltschwerpunkts von den Ufern des Mittelmeeres zu den Ufern des Atlantik hervor. Sogar der geringere Umschwung der Französischen Revolution hatte seine geographischen Folgen: er rief die Neue Welt zur Wiederherstellung des Gleichgewichts innerhalb der Alten zuhilfe. Aber die Wandlungen, die die Revolution des 20. Jahrhunderts mit sich bringt, sind wesentlich einschneidender als alles, was seit dem 16. Jahrhundert geschah. Nach etwa 400 Jahren hat sich der Schwerpunkt der Welt endgültig aus Westeuropa verlagert. Westeuropa, einschließlich der nicht europäischen Teile der englischsprechenden Welt, ist zu einem vom nordamerikanischen Kontinent abhängigen Gebiet geworden, oder falls man so will, zu einem Agglomerat, in dem die USA sowohl als Kraftwerk wie als Kontrollturm fungieren. Aber das ist nicht der einzige oder bedeutsamste Wandel. Es ist keineswegs sicher, daß der Weltschwerpunkt im Moment in der englischsprechenden Welt mit ihrem westeuropäischen Annex liegt oder für längere Zeit dort liegen wird. Die großen Landmassen Osteuropas und Asiens, mit ihren Ausdehnungen bis nach Afrika hinein scheinen heutzutage den Ton in den Weltangelegenheiten anzugeben. „Der Osten, der sich nicht wandelt": das ist heutzutage ein völlig ausgeleiertes Klischee.

Wir wollen uns einmal kurz vergegenwärtigen, was Asien in diesem Jahrhundert widerfuhr. Die Geschichte beginnt mit der anglo-japanischen Allianz von 1902; damit wurde zum ersten

Mal ein asiatisches Land in den hocherfreuten Kreis der europäischen Großmächte aufgenommen. Man mag es vielleicht für eine Koinzidenz halten, daß Japan seine neue Position dadurch kundtat, daß es Rußland herausforderte, besiegte und damit den Auftakt zur großen Revolution des 20. Jahrhunderts gab. Die französischen Revolutionen von 1789 und 1848 hatten in Europa Nachahmer gefunden. Die erste russische Revolution von 1905 fand in Europa kein Echo, dafür aber Nachahmer in Asien: in den folgenden Jahren kam es in Persien, in der Türkei und in China zu Revolutionen. Der erste Weltkrieg war genau genommen kein Weltkrieg, sondern ein europäischer Bürgerkrieg — vorausgesetzt, daß es so etwas wie ein Europa gab — mit weltweiten Konsequenzen: diese schlossen die Ankurbelung der industriellen Entwicklung in vielen asiatischen Ländern ein, die Ablehnung alles Fremden in China, den indischen und die Geburt des arabischen Nationalismus. Die russische Revolution von 1917 gab einen weiteren und entscheidenden Anstoß. Hier war bedeutsam, daß die Führer beharrlich, aber vergeblich nach Imitatoren in Europa Umschau hielten und sie schließlich in Asien fanden. Europa war „unwandelbar" geworden, Asien dagegen in Bewegung geraten. Ich brauche die bekannte Geschichte wohl nicht bis zum gegenwärtigen Moment zu verfolgen. Der Historiker dürfte kaum schon in der Lage sein, die Bedeutung und Reichweite der asiatischen und afrikanischen Revolution richtig einzuschätzen. Aber die Ausdehnung der modernen technologischen und industriellen Prozesse, der Anfänge des Bildungswesens und des politischen Bewußtseins auf Millionen Menschen in Asien und Afrika ändert das Gesicht jener Kontinente; und solange ich nicht in die Zukunft schauen kann, habe ich keinen Beurteilungsmaßstab, der mir erlauben würde, in diesem Geschehen unter dem Blickwinkel der Weltgeschichte etwas anderes als eine progressive Entwicklung zu sehen. Die veränderte Gestalt der Welt, die sich aus diesen Ereignissen ergeben hat, hat das Gewicht Englands und vielleicht aller englischsprechenden Länder als Ganzes genommen in den Weltangelegenheiten relativ verringert. Aber ein relativer Verfall ist kein absoluter Verfall; und mich erregt und alarmiert nicht der Marsch des Fortschritts in Asien und Afrika, sondern die Tendenz, die einige dominierende Gruppen in England — und vielleicht auch in anderen Ländern — haben, diese Entwicklungen mit blinden oder verständnislosen Augen zu betrachten, ihnen gegenüber eine Einstellung zu beziehen, die zwischen mißtrauischer Verachtung und leutseliger Herablassung hin und herschwankt, um schließlich in einer lähmenden Sehnsucht nach der Vergangenheit zu versinken.

Was ich die Ausbreitung der Vernunft in der Revolution des 20. Jahrehunderts genannt habe, hat für den Historiker ganz bestimmte Folgen; denn die Ausdehnung der Vernunft bedeutet im Grund, daß Gruppen und Klassen, Völker und Kontinente, die bislang außerhalb der Geschichte standen, nun in sie eintreten. Die Tendenz der Historiker für mittelalterliche Geschichte, die Gesellschaft des Mittelalters durch die Brille der Religion zu sehen, so sagte ich in meiner ersten Vorlesung, ist dem ausschließlichen Charakter ihrer Quellen zuzuschreiben. Und nun möchte ich diese Erklärung noch einen Schritt weiter vorantreiben. Es wurde, und wie ich meine, zu Recht, wenn auch mit einiger Übertreibung gesagt, daß die christliche Kirche „die einzige halbrationale Institution des Mittelalters" war.[165] Und als einzige rationale Institution war sie auch die einzige historische Institution; sie allein war einem rationalen Entwicklungsablauf unterzogen, der vom Historiker verstanden werden konnte. Die weltliche Gesellschaft war von der Kirche geprägt und organisiert und hatte kein eigenständig rationales Leben. Die Masse des Volkes gehörte, wie die vorhistorischen Völker, eher der Natur als der Geschichte. Die moderne Geschichte beginnt dort, wo mehr und immer mehr Leute zu sozialer und politischer Bewußtheit erwachen, wo sie sich ihrer besonderen Gruppen als historischer Wesenheiten, die eine Vergangenheit und eine Zukunft haben, bewußt werden und somit ganz in die Geschichte eintreten. Politische und historische Bewußtheit fing aber erst — und bestenfalls — in den letzten 200 Jahren, und da nur in einigen fortgeschrittenen Ländern an, sich auf etwas wie die Mehrzahl der Bevölkerung auszudehnen. Erst heute — und zum ersten Mal — ist es möglich geworden, sich eine Welt vorzustellen, die ganz aus Leuten besteht, die im vollsten Sinn des Wortes in die Geschichte eingetreten sind und nicht länger Gegenstand der kolonialen Verwaltungsleute oder der Anthropologen, sondern der Historiker sind.

Das ist in unserer Auffassung der Geschichte eine Revolution. Im 18. Jahrhundert war Geschichte noch eine Geschichte der Eliten. Im 19. Jahrhundert begannen sich die englischen Historiker zögernd und krampfhaft eine Geschichtsbetrachtung anzueignen, in der die Geschichte der nationalen Gemeinschaft als einer Einheit im Mittelpunkt steht. J. R. Green, ein ziemlich unbedeutender Historiker, wurde dadurch berühmt, daß er die erste Geschichte des englischen Volkes schrieb. Im 20. Jahrhundert legt jeder Historiker ein Lippenbekenntnis zu dieser Auffassung ab; und obgleich die Tat hinter dem Bekenntnis zurückbleibt, möchte ich mich doch nicht über diese Mängel weiter aufhalten, da mich der Umstand viel mehr beschäftigt, daß wir Historiker versagt haben, die Ausweitung des geschichtlichen Horizonts über England und Westeuropa hinaus in Rechnung zu stellen. Acton nennt in seinem Bericht von 1896 die universale Geschichte das, „was sich von der kombinierten Geschichte aller Länder unterscheidet". Er fährt fort:

„Sie bewegt sich in einer Reihenfolge, für die die einzelnen Nationen von untergeordneter Bedeutung sind. Auch ihre Geschichte wird erzählt werden, nicht ihnen zuliebe, sondern in Bezogenheit auf und Unterordnung unter eine höhere Reihe, je nach Zeit und Ausmaß, in dem sie zum allgemeinen Wohl der Menschheit beigetragen haben." [166]

Es war für Acton selbstverständlich, daß die Universalgeschichte, so wie er sie verstand, die Aufgabe jedes ernstzunehmenden Historikers sei. Und was tun wir eigentlich im Moment, um den Zugang zu der so verstandenen Universalgeschichte zu erleichtern?

Ich hatte ursprünglich nicht die Absicht, in diesen Vorlesungen auf das Geschichtsstudium an dieser Universität zu sprechen zu kommen: aber es bietet mir so beispiellose Beispiele für das, was ich sagen möchte, daß man mich zu Recht einen Feigling schimpfen könnte, wollte ich nicht in die Nesseln langen. In den vergangenen 40 Jahren haben wir der Geschichte der USA einen geräumigen Platz in unserem Lehrplan eingeräumt. Das ist ein bedeutender Fortschritt. Aber er hat bis zu einem gewissen Ausmaß die Gefahr mit sich gebracht, den Provinzialismus der englischen Geschichte, der ohnehin schon wie ein Bleiklumpen auf unserem Lehrplan liegt, durch eine noch trügerischere und ebenso gefährliche Kirchturmpolitik der englischsprechenden Welt zu untermauern. Ohne allen Zweifel war die Geschichte der englischsprechenden Welt in den letzten 400 Jahren eine große Geschichtsperiode. Aber es ist eine unglückliche Verzerrung der Perspektive, sie als das Zentrum der Universalgeschichte zu behandeln und alles andere an die Peripherie zu verweisen. Es ist die Pflicht der Universität, populäre Verzerrungen solcher Art richtigzustellen. Die Fakultät für moderne Geschichte an unserer Universität kommt m. E. dieser Verpflichtung nicht genügend nach. Es ist sicher verkehrt, daß man an einer größeren Universität einen Kandidaten ohne entsprechende Kenntnisse in einer anderen modernen Sprache als Englisch zu einer höheren Prüfung in Geschichte zuläßt; wir wollen uns zur Warnung dienen lassen, was der alten und respektierten philosophischen Disziplin in Oxford zustieß, als ihre Vertreter zu dem Schluß kamen, daß sie eigentlich auch mit dem einfachen Alltagsenglisch ganz gut auskommen könnten. Es ist sicherlich falsch, daß einem Kandidaten, der die moderne Geschichte eines kontinentalen europäischen Landes über das Lehrbuchniveau hinaus studieren will, keine Erleichterungen geboten werden. Ein Kandidat, der über einige Kenntnisse der asiatischen, afrikanischen oder lateinamerikanischen Verhältnisse verfügt, hat im Moment nur eine sehr beschränkte Möglichkeit, sie in einer Arbeit, die man mit dem rhetorischen Pomp des 19. Jahrhunderts „Die Expansion Europas" betitelt, zu entfalten. Der Titel stimmt unglücklicherweise mit dem Inhalt überein: der Kandidat braucht sogar von den Ländern mit einer bedeutenden und wohldokumentierten Geschichte wie China oder Persien nur das zu wissen, was geschah, als die Europäer versuchten, sie zu übernehmen. Man sagte mir, an dieser Universität würden wohl Vorlesungen über die russische, persische und chinesische Geschichte gehalten — aber nicht von Mitgliedern der Geschichtsfakultät. Die Bemerkung, die der Sinologe vor fünf Jahren in seiner Antrittsvorlesung mit Überzeugung zum Ausdruck brachte, daß „man China nicht als außerhalb des Hauptstroms der menschlichen Geschichte stehend betrachten kann"[127], ist bei den Historikern der Universität Cambridge auf taube Ohren gestoßen. Es ist keineswegs ausgeschlossen, daß man in Zukunft Dr. Needhams *Science und Civilization in China* für das bedeutendste historische Werk halten wird, das während der letzten zehn Jahre in Cambridge entstand: bezeichnenderweise wurde es außerhalb der geschichtlichen Fachschaft geschrieben, ohne irgendeine Unterstützung durch sie. Das ist ein ernüchternder Gedanke. Ich hätte diese häuslichen Sorgen nicht der Öffentlichkeit unterbreitet, glaubte ich nicht, daß sie in der Mitte des 20. Jahrhunderts für die meisten anderen britischen Universitäten und für die britischen Intellektuellen im allgemeinen typisch sind. Jener fade alte Witz über die viktorianische Beschränktheit, „Stürme im Kanal — Kontinent isoliert", hat heutzutage einen unbehaglich aktuellen Klang. Wieder wüten Stürme in der Welt um uns; und während wir uns in den englischsprechenden Ländern zusammenkuscheln und uns in gutem Alltagsenglisch erzählen, daß sich andere Länder und andere Kontinente durch ihr ausgefallenes Verhalten von den Wohltaten und Segnungen unserer Kultur ausgeschlossen haben, sieht es manchmal so aus, als ob wir uns durch unser Unvermögen oder unsere Abneigung zu verstehen von dem, was in der Welt wirklich vor sich geht, ausschlössen.

In den einführenden Sätzen meiner ersten Vorlesung wies ich auf den starken Unterschied im Ausblick hin, der die Mitte des 20. Jahrhunderts von den letzten Jahren des 19. Jahrhunderts trennt. Zum Abschluß möchte ich gerne diesen Kontrast noch weiter verfolgen; und wenn ich in diesem Zusammenhang die Worte „liberal" und „konservativ" benutze, so nicht — wie man ohne weiteres verstehen wird — im Sinn von Etiketten für englische politische Parteien. Wenn Acton vom Fortschritt sprach, dachte er nicht in den Begriffen der populären englischen Konzeption des „ganz allmählichen Fortschritts". „Die Revolution, oder wie wir sagen, der Liberalismus", das ist eine auffallende Wendung in einem Brief von 1887. „Die Methode des modernen Fortschritts", sagte er zehn Jahre später in einer Vorlesung über moderne Geschichte, „war die Revolution"; und in einer anderen Vorlesung sprach er vom „Heraufkommen allgemeiner Ideen, was wir Revolution nennen". Das findet in einer seiner unveröffentlichten Manuskriptanmerkungen eine Erklärung: „Der Whig regiert durch den Kompromiß: der Liberale eröffnet die Herrschaft der Ideen."[168] Für Acton bedeutete „die Herrschaft der Ideen" Liberalismus und Liberalismus Revolution. Zu

Actons Lebzeiten hatte der Liberalismus seine dynamische, soziale, Wandlungen schaffende Kraft noch nicht eingebüßt. In unserer Zeit ist alles, was vom Liberalismus übriggeblieben ist, überall in der Gesellschaft zu einem konservativen Faktor geworden. Es wäre sinnlos, heutzutage eine Rückkehr zu Acton zu predigen. Aber der Historiker sollte doch wohl erstens Actons Standort feststellen, zweitens seinen Standort mit dem der zeitgenössischen Denker vergleichen und drittens erforschen, welche Elemente in seiner Position heute noch Gültigkeit haben können. Actons Generation litt zweifellos an eingebildeter Selbstsicherheit und Optimismus, sie nahm die unsichere Natur des Fundaments, auf dem ihr Glaube fußte, nicht zur Genüge wahr. Aber sie besaß zweierlei, was wir heute sehr nötig haben: einen Sinn für den Wandel als einem progressiven Faktor in der Geschichte und einen Glauben an die Vernunft als Führer zum Verständnis ihrer Vielschichtigkeit.

Und nun wollen wir uns ein paar Stimmen aus den fünfziger Jahren des 20. Jahrhunderts anhören. In einer früheren Vorlesung zitierte ich einen Ausspruch von Lewis Namier, der seine Zufriedenheit darüber, daß über dem Suchen nach „praktischen Lösungen konkreter Probleme" die „Programme und Ideale von beiden Parteien vergessen werden", zum Ausdruck brachte; das hält er für ein Symptom „nationaler Reife"[169]. Ich liebe die Analogien zwischen der Lebenszeit eines Individuums und der einer Nation nicht; wenn ich irgendwo auf solche stoße, bin ich immer versucht zu fragen: was folgt denn, wenn wir das Stadium der Reife überschritten haben? Aber was mich hier interessiert, ist die schroffe Gegenüberstellung von Praktischem und Konkretem, das gelobt wird, und „Programmen und Idealen", die verdammt werden. Es ist für den Konservativismus typisch, daß das praktische Handeln über das idealistische Theoretisieren gestellt wird. Namier sieht darin die Stimme des 18. Jahrhunderts, den Protest, den England zur Zeit der Thronbesteigung Georgs III. gegen den drohenden Angriff von Actons Revolution und Herrschaft der Ideen erhob. Aber derselbe bekannte Ausdruck eines durchgehenden Konservativismus ist in unseren Tagen in Form eines durchgehenden Empirismus höchst populär. In seiner populärsten Form findet man ihn in Professor Trevor-Ropers Bemerkung, daß „wenn die Radikalen den Sieg mit lauter Stimme als sicher für sich buchen wollen, ihnen die vernünftigen Konservativen einen Schlag auf die Nase versetzen".[170] Professor Oakeshott bietet uns eine geistreiche Version dieses modischen Empirismus: „In unseren politischen Angelegenheiten", sagt er uns, „befahren wir ein ufer- und grundloses Meer", wo es „weder einen Ausgangspunkt noch einen Bestimmungsort gibt" und unser Ziel nur darin bestehen kann, „gleichbelastet in Fahrt zu bleiben".[171] Ich brauche die Aufzählung neuer Schriftsteller, die dem politischen „Utopismus" und „Messianismus" am Zeug geflickt haben, wohl nicht weiter auszuführen; diese Ausdrücke sind zu gängigen Schimpfworten für weitreichende radikale Ideen über die Zukunft der Gesellschaft geworden. Ich werde auch nicht versuchen, mich mit den neuen Strömungen in den USA auseinanderzusetzen, wo Historiker und politische Theoretiker weniger Hemmungen als ihre britischen Kollegen hatten, ihr Bündnis mit dem Konservativismus öffentlich bekanntzumachen. Ich will nur eine Bemerkung eines der distinguiertesten und bescheidensten amerikanischen konservativen Historikers, Professor Samuel Morison von Harvard anführen, der, als er im Dezember 1950 in seiner Eigenschaft als Präsident vor der American Historical Association eine Ansprache hielt, seiner Meinung Ausdruck verlieh, daß die Zeit für eine Reaktion gegen die „Jefferson-Jackson-F. D. Roosevelt Linie" — wie er sie nannte — gekommen sei, und für eine Geschichte der USA, die „unter einem gesunden konservativen Blickwinkel geschrieben" ist, plädierte.[172]

Aber es ist Professor Popper, der — zumindest in Großbritannien — diesen vorsichtigen konservativen Ausblick in seiner klarsten und kompromißlosesten Form noch einmal ausgedrückt hat. In Anlehnung an Namiers Ablehnung von „Programmen und Idealen" greift er die politischen Richtungen an, die es angeblich darauf abgesehen haben, „die Gesellschaft als Ganzes" in Übereinstimmung mit einem bestimmten Plan „neu zu gestalten", rühmt den „stückweisen sozialen Aufbau", wie er es nennt, und fürchtet offensichtlich nicht die Beschuldigung des „stückweisen Zusammenpfuschens" und „Durchwurstelns".[173] An einem Punkt muß ich tatsächlich Professor Popper meinen Tribut entrichten. Er bleibt standhaft in seiner Verteidigung der Vernunft und will mit vergangenen oder gegenwärtigen Ausflügen in den Irrationalismus nichts zu tun haben. Aber wenn wir uns sein Rezept des „stückweisen Aufbaus" näher anschauen, sehen wir, wie begrenzt die Rolle ist, die er dabei der Vernunft zuweist. Wenn auch seine Definition des „stückweisen Aufbaus" nicht sehr präzis ist, so wird uns doch extra gesagt, daß die „Ziele" von der Kritik ausgenommen sind; und die mit Vorsicht gewählten Beispiele, die er uns für seine rechtmäßigen Aktivitäten gibt — „konstitutionelle Reform" und „eine Tendenz zu einem größeren Einkommensausgleich" —, zeigen deutlich, daß sein Wirkfeld eigentlich innerhalb unserer bestehenden Gesellschaft gesehen wird.[174] In Professor Poppers Ordnungsschema ist der Status der Vernunft dem eines britischen Staatsbeamten ziemlich ähnlich, der dazu qualifiziert ist, die politischen Ziele der Regierung, die am Ruder ist, wahrzunehmen und womöglich sogar praktische Vorschläge zu ihrer Verbesserung zu machen, nicht aber dazu ihre fundamentalen Voraussetzungen oder letzten Ziele in Frage zu stellen. Das ist eine nützliche Arbeit: auch ich war zu meiner Zeit Staatsbeamter. Aber die Unterordnung der Vernunft unter die Voraussetzungen der bestehenden Ordnungen scheint mir, auf die Länge der Zeit gesehen, völlig unannehmbar. So sah Acton die Vernunft nicht, als er seine Gleichung: Revolution-Liberalismus-Herrschaft der Ideen aufstellte. Der Fortschritt in den menschlichen Dingen, ob nun in der Wissenschaft oder der Geschichte oder der Gesellschaft, geht vor allem auf die mutige Bereitschaft der Menschen zurück, die sich nicht darauf beschränken, die vorhandenen Praktiken stückweise zu verbessern, sondern den gegenwärtigen Stand der Dinge und seine eingestandenen oder verheimlichten Voraussetzungen grundsätzlich im Namen der Vernunft angreifen. Ich erwarte die Zeit voller Ungeduld, in der die Historiker, Soziologen und politischen Denker der englischsprechenden Welt den Mut zu dieser Aufgabe wiederfinden werden.

Aber mehr noch als die Aufnahme des Glaubens an die Vernunft unter den Intellektuellen und politischen Denkern der englischsprechenden Welt beunruhigt mich, daß das Wissen um eine in ständiger Bewegung befindlichen Welt verlorengegangen ist. Das scheint auf den ersten Blick paradox; denn selten dürfte so viel oberflächliches Gerede über Wandlungen, die sich um uns her vollziehen, zu hören gewesen sein wie gerade jetzt. Aber das Bezeichnende daran ist, daß man Wandel nicht länger als Leistung, als Möglichkeit, als Fortschritt, sondern als einen Gegenstand der Angst auffaßt. Wenn uns unsere politischen und wirtschaftlichen Autoritäten Vorschriften machen, so haben sie uns außer der Warnung, radikalen und weitreichenden Ideen zu mißtrauen, allem, was nach Revolution riecht, auszuweichen und — wenn wir schon fortschreiten müssen — doch nur möglichst langsam und vorsichtig fortzuschreiten, nichts anzubieten. Das scheint mir zu einem Zeitpunkt, in dem sich das Gesicht der Welt schneller und radikaler ändert als zu irgendeiner anderen Zeit innerhalb der letzten 400 Jahre eine einzigartige Blindheit, die zwar nicht zu der Befürchtung Anlaß gibt, die weltweite Bewegung könnte zum Stillstand kommen, wohl aber zu der, daß diese Nation — und vielleicht auch andere englischsprechende Länder — hinter dem allgemeinen Fortschritt zurückbleiben und hoffnungslos und ohne Klagen in das Altwasser des Heimwehs versinken könnte. Ich für meinen Teil bleibe Optimist; und ich werde, auch wenn mich Lewis Namier vor Programmen und Idealen warnt und Professor Oakeshott sagt, wir gingen ins Ungewisse und es käme nur darauf an, aufzupassen, daß niemand das Boot zum Schaukeln bringt, und Professor Popper das gute alte T-Modell kraft eines kleinen stückweisen Aufbaus in Gang halten will, und Professor Trevor-Roper den Radaubrüdern von Radikalen eins über die Nase zieht, und Professor Morison für eine in gesundem konservativem Geist geschriebene Geschichte plädiert, ich werde hinausschauen in eine Welt im Aufruhr und in eine Welt, die in den Wehen liegt, und ich werde mit den abgedroschenen Worten eines großen Wissenschaftlers antworten: „Und sie bewegt sich doch."

ANMERKUNGEN

[1] The Cambridge Modern History: Its Origin, Authorship and Production, Cambridge 1907, S. 10—12.
[2] The New Cambridge Modern History, I, Cambridge 1957, S. XXIV—XXV.
[3] Acton, Lectures on Modern History, London (Macmillan) 1906, S. 318.
[4] Zit. in: "The Listener", 19. Juni 1952, S. 992.
[5] M. Manilii Astronomicon: Liber Primus (2. Aufl.), Cambridge University Press 1937, S. 87.
[6] T. Parsons and E. Shils, Towards a General Theory of Action (3. Aufl.), London (Oxford Univ. Press) 1954, S. 167.
[7] Lord George Sanger, Seventy Years a Showman (2. Aufl.), New York 1926, S. 188—189.
[8] Sie werden demnächst unter dem Titel "The Making of Victorian England" erscheinen.
[9] J. B. Bury, Selected Essays, London (Cambridge Univ. Press) 1930, S. 52.
[10] G. Barraclough, Der Historiker in einer sich wandelnden Welt, Göttingen 1957, S. 20.
[11] Lytton Strachey, Vorwort zu Eminent Victorians, Harmondsworth 1948 (Penguin-Books); dt. Ausg. (gek.): Macht und Frömmigkeit, Berlin 1937.
[12] Zit. in G. P. Gooch, History and Historians in the XIXth Century, London 1913, S. 385; später sagte Acton über Döllinger, daß „es ihm gegeben war, seine Geschichtsphilosophie auf der umfassendsten Induktion aufzubauen, die je einem Menschen möglich war" (History of Freedom and other Essays, London 1907, S. 435).
[13] Cambridge Modern History, I, Cambridge 1902, S. 4.
[14] Blaubücher: Amtliche Veröffentlichungen zur Rechtfertigung der britischen Außenpolitik (Anm. d. Übers.).
[15] Gustav Stresemann, His Diaries, Letters and Papers, I, London (Macmillan) 1935, (Anm. d. Verlags).
[16] H. Butterfield, The Whig Interpretation of History, London 1931, S. 67.
[17] A. L. Rowse, The End of an Epoch, London 1947, S. 282/83.
[18] Der berühmte Aphorismus findet sich in folgendem Zusammenhang: „Das praktische Bedürfnis, auf das sich jedes geschichtliche Urteil gründet, verleiht der Geschichte die Eigenschaft, ‚zeitgenössische Geschichte' zu sein, weil sie in Wirklichkeit — wie fern auch chronologisch die Tatsachen in der tiefsten Vergangenheit ruhen mögen — immer auf ein gegenwärtiges Bedürfnis, eine gegenwärtige Lage bezogen ist, in der diese Tatsachen mitschwingen." (B. Croce, Die Geschichte als Gedanke und als Tat, Bern 1944, S. 41).

[19] Atlantic Monthly, Oktober 1910, S. 528.
[20] Die deutsche Ausgabe ist unter dem Titel „Philosophie der Geschichte" 1955 in Stuttgart bei Kohlhammer erschienen (Anm. d. Verlags).
[21] M. Oakeshott, Experience and Its Modes, London 1933, S. 99.
[22] G. M. Trevelyan, An Autobiography, London 1949, S. 11.
[23] J. Burckhardt, Historische Fragmente, Stuttgart 1957, S. 227.
[24] Einführung zu J. Burckhardt, Historische Fragmente, a. a. O., S. 17; engl. Übersetzung: Judgements on History and Historians, Boston 1959.
[25] Vergl. dazu Nietzsches Geschichtssicht: „Dem Alter aber gebührt jetzt eine greisenhafte Beschäftigung, nämlich Zurückschauen, Überrechnen, Abschließen, Trost suchen im Gewesenen, durch Erinnerungen, kurz historische Bildung." (Unzeitgemäße Betrachtungen, Stuttgart 1955, S. 162).
[26] R. Collingwood, The Idea of History, Oxford 1946, S. XII.
[27] A. Froude, Short Studies on Great Subjects, I, N. Y. 1894, S. 21.
[28] Jenseits von Gut und Böse, I, 3, S. 4. In: Nietzsche, Werke, Stuttgart 1949.
[29] Devotions upon Emergent Occasions, No. XVII.
[30] J. S. Mill, System der deduktiven und induktiven Logik, dt. Ausgabe, Leipzig 1884—86, Bd. VII, I.
[31] In seiner bekannten Studie über den Selbstmord prägte Durkheim das Wort Anomie, um den Zustand des Individuums, das von seiner Gesellschaft isoliert ist, zu bezeichnen — ein Zustand, der besonders leicht zu Gefühlsverwirrung und Selbstmord führt; er zeigte aber auch, daß der Selbstmord keineswegs unabhängig von den sozialen Bedingungen ist.
[32] Man wird es vielleicht bemerkenswert finden, daß der einzige andere bedeutende britische konservative Schriftsteller der Zeit zwischen den Kriegen, T. S. Eliot, ebenfalls den Vorzug nichtbritischer Abstammung genoß; kein Mensch, der vor 1914 in Großbritannien aufgewachsen war, konnte dem hemmenden Einfluß der liberalen Tradition je ganz entkommen.
[33] Die ursprüngliche Kritik an der „Namierschen Geschichtsauffassung" erschien in einem anonymen Artikel vom 28. Aug. 1953 in "The Times Literary Supplement": „Man hat Darwin vorgeworfen, er habe dem Universum seinen Sinn genommen; und Sir Lewis war in mehr als einer Hinsicht der Darwin der politischen Geschichte."
[34] L. Namier, Personalities and Powers, London 1955, S. 5, 7.
[35] Ich verdanke hier vieles der ausgezeichneten Analyse, die Dr. W. Stark in seiner Einführung zur englischen Übersetzung der Idee der Staatsräson, die 1957 in London unter dem Titel „Machiavellism" erschien, von Meineckes Entwicklung liefert; Dr. Stark legt vielleicht zuviel Gewicht auf das irrationale Element in Meineckes dritter Periode.
[36] H. Butterfield, The Whig Interpretation of History, London 1931;

auf S. 67 bekennt sich der Autor zu „einer gesunden Art von Mißtrauen" gegenüber einem „bloß verstandesmäßigen Urteilen".

[37] H. Butterfield, The Whig Interpretation of History, a. a. O., S. 11, 31—32.

[38] H. Butterfield, The Englishman and His History, London 1944, S. 2, 4—5.

[39] Marcus Aurelius tröstete sich im Zwielicht des römischen Imperiums durch die Überlegung: „Erwäge beständig, daß alles, wie es jetzt ist, auch ehemals war, und daß es immer so sein werde." (Des Kaisers Marcus Aurelius Antonius Selbstbetrachtungen, Leipzig 1879, S. 151).

[40] Vorwort zu „History of Europe" vom 4. Dez. 1934; dt. Ausgabe: Die Geschichte Europas (Stuttgart 1951).

[41] Acton, Lectures on Modern History, London 1906, S. 33.

[42] American Historical Review, LVI 1951, S. 270.

[43] C. V. Wedgwood, The King's Peace (2. Aufl.), London (Collins) 1955, S. 17.

[44] A. L. Rowse, The England of Elizabeth, London (Macmillan) 1950, S. 261/62, 382. Aus Gründen der Gerechtigkeit muß hier angemerkt werden, daß Rowse in einem früheren Essay die Historiker verdammte, „die behaupten, die Bourbonen hätten nur wegen Heinrich V. Anhänglichkeit an eine kleine weiße Flagge versäumt, nach 1870 die Monarchie in Frankreich wieder einzuführen" (The End of an Epoch, London (Macmillan) 1949, S. 275); vielleicht macht er nur in der englischen Geschichte derartige persönliche Eigenschaften für die Ereignisse verantwortlich.

[45] I. Berlin, Historical Inevitability, London (Oxford University Press) 1954, S. 42.

[46] Trotz alledem sind moderne Psychologen dieses Irrtums überführt worden: „Die Psychologen als eine Gruppe haben das Individuum nicht als eine Einheit *in* einem funktionierenden sozialen System behandelt, sondern eher als das konkrete Menschenwesen, das dieser Auffassung nach zur Bildung sozialer Systeme fortschritt. Sie haben also nicht gebührend in Rechnung gezogen, in welcher besonderen Hinsicht ihre Kategorien abstrakt sind" (Professor Talcott Parsons in der Einleitung zu Max Weber, The Theory of Social and Economic Organization, London (Hodge) 1947, S. 27; s. auch die Bemerkungen über Freud, S. 136.

[47] Home and Foreign Review, Jan. 1863, S. 219.

[48] Herbert Spencer arbeitete diese Idee in seinem feierlichsten Stil in „The Study of Sociology", New York, London 1914, S. 64, aus: „Wenn man das geistige Kaliber eines Menschen in groben Zügen erfassen will, so tut man das am besten, indem man seine Rede auf das Verhältnis von Allgemeinem und Persönlichem hin beobachtet — inwieweit er einfache Wahrheiten über Individuen durch Wahrheiten, die aus zahlreichen Erfahrungen mit Menschen und Dingen abstrahiert sind, ersetzt. Und man wird, nachdem man viele an diesem Maßstab gemessen hat, nur einige wenige finden, für die die

[49] H. R. Trevor-Roper, Historical Essay, London (Macmillan) 1957, S. 281.
[50] Marx-Engels: Gesamtausgabe, Frankfurt a.M. 1927—29, I, III, S. 625.
[51] Die Französische Revolution, Leipzig 1906, Bd. III, 3. Buch, S. 110.
[52] Lenin, Werke, Berlin 1923.
[53] Clarendon, A Brief View and Survey of the Dangerous and Pernicious Errors to Church and State in Mr. Hobbes' Book entitled Leviathan, Oxford 1676, S. 320.
[54] Private Laster — öffentliche Vorteile.
[55] L. Tolstoj, Krieg und Frieden, Hamburg 1956, Buch IX, Kap. I.
[56] H. Butterfield, The Englishman and his History, a.a.O., S. 103.
[57] Zit. in B. Tuchman, The Zimmermann Telegram, N.Y. 1958, S. 180.
[58] A. J. P. Taylor, From Napoleon to Stalin, London (H. Hamilton) 1950, S. 74.
[59] Gibbon, Decline and Fall of the Roman Empire, N.Y., London 1954, Kap. LXX.
[60] V. G. Childe, History, London 1947, S. 43.
[61] Zit. nach der Hegel-Jubiläums-Ausgabe (Stuttgart 1935), Bd. VII: „Grundlinien der Philosophie des Rechts oder Naturrechts und Staatswissenschaft im Grundrisse" (3. Aufl. 1952), S. 427.
[62] F. R. Leavis, The Great Tradition, London (Chatto a. Windus) 1948, S. 2.
[63] J. Burckhardt, Historische Fragmente, a.a.O., S. 213.
[64] B. Russell, Portraits from Memory, London (Allen a. Unwin) 1958, S. 20.
[65] Noch 1874 unterschied Bradley zwischen Wissenschaft und Geschichte, da es die Geschichte mit dem Zeitlosen und „Bleibenden" zu tun habe. (F. H. Bradley, Collected Essays, Oxford (Clarendon Press) 1935, I, S. 36).
[66] Thoughts and Details on Scarcity (1795, in: The Works of Edmund Burke, 1846 B. IV, S. 270); Burke folgerte, daß es nicht „in der Kompetenz der Regierung als solcher oder auch der Reichen als solcher liege, die Armen mit dem Notwendigen zu versorgen, das die göttliche Vorsehung ihnen eine Zeitlang vorenthalten wollte".
[67] M. R. Cohen und E. Nagel, Introduction to Logic and Scientific Method, London (Routledge) 1934, S. 596.
[68] Sir Charles Ellis in: Trinity Review (Cambridge, Wintersemester 1960), S. 14.
[69] Marx-Engels: Gesamtausgabe, a.a.O., I, IV, S. 179.
[70] W. Sombart, Der Bourgeois, Leipzig 1913, S. 328.
[71] G. Sorel, Matériaux d'une théorie du prolétariat, Paris 1919, S. 7.
[72] Dr. J. Ziman in: The Listener, 18. August 1960.
[73] Dt. Ausgabe: Paderborn 1959, Poetik: Bd. III, 2.
[74] R. G. Collingwood, Historical Imagination, London (Oxford Univ. Press) 1935, S. 5.

[75] Leviathan, I, IV, Oxford 1958, (repr. from the edition of 1651), dt. Ausgabe: Zürich u. Leipzig 1936.
[76] Decline and Fall of the Roman Empire, a. a. O., XX, Kap. I.
[77] Die Französische Revolution, a. a. O., Bd. I, 5. Buch, S. 250; Bd. III, 1. Buch, S. 4.
[78] J. Burckhardt, Historische Fragmente, a. a. O., S. 91.
[79] The New Cambridge Modern History, II, Cambridge 1958, S. 20.
[80] Marx und Engels, Werke, Berlin 1930, 4. Abt.; der Brief, dem diese Stelle entnommen wurde, erschien 1877 in der russischen Zeitschrift Otechestvennye Zapiski. Professor Popper scheint Marx mit dem in Zusammenhang zu bringen, was er „den zentralen Fehler des Historizismus" nennt, nämlich den Glauben, daß historische Tendenzen oder Richtungen „unmittelbar und ausschließlich von universalen Gesetzen abgeleitet werden können" (The Poverty of Historicism, London (Routledge) 1957, S. 128/9): gerade das jedoch bestritt Marx.
[81] Das scheint die Ansicht Prof. Poppers zu sein. (Dt. Ausgabe: Die offene Gesellschaft und ihre Feinde, Bern 1957, Sammlung Dalp, Bd. 84/85, S. 268). Unglücklicherweise gibt er ein Beispiel für ein soziologisches Gesetz an: „Es zeigt sich, was sich mit Hilfe von Institutionen erreichen läßt, die erdacht wurden, um eine öffentliche Kontrolle zu ermöglichen und sich erreichen läßt, wenn man seine Ansichten offen aussprechen kann." Das wurde 1942 oder 1943 geschrieben, offensichtlich in dem Glauben, daß die westlichen Demokratien dank ihrer institutionellen Anordnungen in der Vorhut des wissenschaftlichen Fortschritts bleiben würden — ein Glaube, der sich in der Zwischenzeit aufgelöst oder doch durch die Entwicklungen in der Sowjetunion bedeutend geändert hat. Diese Behauptung war nicht einmal eine gültige Verallgemeinerung, geschweige denn ein Gesetz.
[82] K. Mannheim, Ideologie und Utopie, Bonn 1929, S. 241.
[82a] Sir Charles Webster ist vor wenigen Monaten gestorben. (Anm. d. Verlags).
[83] Cours de philosophie positive; dt. Ausgabe: Soziologie, Jena 1923, Bd. I, S. 64.
[84] K. Mannheim, Ideologie und Utopie, a. a. O., S. 113.
[85] Dieses Argument wurde vom Autor in „The Bolshevik Revolution 1917—1923, London (Macmillan) 1950, Bd. I, S. 42" entwickelt.
[86] M. C. d'Arcy, The Sense of History: Secular and Sacred, London (Faber) 1959, S. 164; eine ähnliche Ansicht hatte schon Polybius vertreten: „Wo immer es möglich ist, den Grund des Geschehens zu finden, sollte man nicht seine Zuflucht zu den Göttern nehmen" (zit. in K. von Fritz, The Theory of the Mixed Constitution in Antiquity, N. Y. 1954, S. 390).
[87] Dt. Ausgabe: Rosebery, Napoleon I. am Schluß seines Lebens, Leipzig 1901, S. 341.
[88] Acton, Historical Essays and Studies, London (Macmillan) 1907, S. 505.

[89] Survey of International Affairs, 1935, II, S. 3.
[90] I. Berlin, Historical Inevitability, S. 76/77. Sir Isaiahs Einstellung echot die Ansichten des handfesten konservativen Juristen Fitzjames Stephen aus dem 19. Jahrhundert: „Das Strafrecht beruht also auf dem Grundsatz, daß es moralisch richtig ist, die Verbrecher zu hassen ... Es ist höchst wünschenswert, daß die Verbrecher gehaßt werden, daß die Strafen, denen man sie unterzieht, diesen Haß ausdrücken und soweit rechtfertigen als die Mittel, die der Öffentlichkeit zur Verfügung stehen, ein gesundes und natürliches Gefühl auszudrücken und zu befriedigen, diesen rechtfertigen und ermuntern können" (A History of the Criminal Law of England, London 1883, II, S. 81/82, zitiert in L. Radzinowicz, Sir James Fitzjames Stephen, London 1957, S. 30). Diese Auffassung ist unter den Kriminalisten nicht mehr besonders verbreitet; aber ich möchte hier darauf hinaus, daß sie, unerachtet sie andernorts vielleicht gültig sein mag, auf die Urteile der Geschichte nicht anwendbar ist.
[91] D. Knowles, The Historian and Character, London (Cambridge University Press) 1955, S. 4/5, 12, 19.
[92] B. Croce, History as the Story of Liberty, engl. Übersetz.: London 1941, S. 47.
[93] Peuples et Civilisations, Bd. XIV: Napoléon, S. 58.
[94] Zit. in: From Max Weber: Essays in Sociology, London (Routledge a. Kegan Paul) 1947, gek. Ausgabe aus Webers Werken, S. 58.
[95] Boswell, Life of Dr. Johnson, A.D. 1776 (Everyman Ausg. II, 20). Der Ausspruch hat das Verdienst der Aufrichtigkeit; Burckhardt (Historische Fragmente, a. a. O., S. 139) vergießt Tränen über die „übergangenen Seufzer" der Opfer des Fortschritts, „die im allgemeinen nichts anderes wollten, als parta tueri", übergeht aber seinerseits die Seufzer der Opfer des ancien régime, die im großen und ganzen nichts zu bewahren hatten.
[96] Brief vom 24. II. 1893 an Danielson, in: Karl Marx and Friedrich Engels: Correspondence, 1846—1895, London 1934, S. 510.
[97] C. P. Snow, The Two Cultures and the Scientific Revolution, London (Cambridge University Press) 1959, S. 4—8.
[98] F. M. Cornford, Thucydides Mythistoricus, London 1907, Passim.
[99] Dt. Ausgabe: Vom Geist der Gesetze, hrsg. von Forsthoff, Tübingen 1951, S. 5—10.
[100] Memorials of Alfred Marshall, hrsg. v. A. C. Pigou, London (Macmillan) 1925, S. 428.
[101] H. Poincaré, La Science et l'hypothèse, Paris 1916, S. 208/209.
[102] Dt. Ausgabe: B. Russell, Mystik und Logik, Wien, Stuttgart 1952, S. 189.
[103] The Education of Henry Adams, Boston 1928, S. 224; dt. Ausgabe: Die Erziehung des Henry Adams von ihm selbst erzählt, Zürich 1953.
[104] „The Poverty of Historicism" erschien 1957 erstmalig in Buchform, besteht aber ursprünglich aus Artikeln, die 1944 und 1945 veröffentlicht wurden.

[105] Ich habe, abgesehen von ein oder zwei Stellen, wo es nicht besonders auf Genauigkeit ankam, das Wort „historicism" vermieden, da Professor Poppers vielgelesene Schriften zu diesem Thema dem Terminus seine genaue Bedeutung genommen haben. Ständig auf der Begriffsbestimmung bestehen ist pedantisch. Aber man muß wissen, worüber man spricht und Professor Popper nimmt „historicism" als Sammelbegriff für alle Geschichtsauffassungen, die ihm mißfallen, einschließlich solcher, die mir einwandfrei erscheinen und solcher, die, wie ich vermuten möchte, heutzutage von keinem ernsthaften Schriftsteller mehr vertreten werden. Er erfindet, wie er selbst zugibt (The Poverty of Historicism, S. 3) „historistische Argumente", die niemals von einem bekannten „Historizisten" gebraucht worden sind. In seinen Schriften steht „historicism" sowohl für die Doktrinen, die die Geschichte zur Wissenschaft zählen, als auch für die Lehrmeinungen, die scharf zwischen beiden unterscheiden. In „The Open Society" wird Hegel, der Vorhersagen vermied, als der Hohe Priester des „historicism" behandelt; in der Einleitung zu „The Poverty of Historicism" sagt er vom Historismus, „er sieht in den Sozialwissenschaften eine Sparte, die die historische Vorhersage als ihr Hauptziel auffaßt". Bislang war das englische Wort „historicism" gemeinhin die Version für das deutsche „Historismus" gewesen; jetzt unterscheidet Professor Popper zwischen „historicism" und „historism" und trägt so nur noch zu der bereits vorhandenen Verwirrung über die Anwendung des Terminus bei. Bei M. C. d'Arcy (The Sense of History: Secular and Sacred, S. 11) ist das Wort „historicism" „identisch mit einer Geschichtsphilosophie".

[106] Allerdings hatte gerade ein Oxfordmann, R. H. Crossman, in einer Sendereihe, Plato today (1937), Plato zum ersten Mal als den ersten Faschisten angegriffen.

[107] C. Kingsley, The Limits of Exact Science as Applied to History, London (Longmans a. Green) 1875, S. 22.

[108] „Determinismus... bedeutet... daß alles, was bei unveränderten Gegebenheiten geschieht, so und nicht anders geschieht. Die Behauptung, es könnte doch etwas anderes geschehen, heißt nur, daß es sich um andere Daten handeln müßte" (S. W. Alexander in: Essays Presented to Ernst Cassirer, London (Macmillan) 1936, S. 18).

[109] K. R. Popper, Die offene Gesellschaft und ihre Feinde, a. a. O., S. 160.

[110] „Das Kausalitätsgesetz ist der Welt nicht von uns aufgezwungen worden", aber es „ist vielleicht die uns angemessenste Methode, uns der Welt anzupassen" (J. Rueff, From the Physical to the Social Sciences, Baltimore 1929, S. 52); Prof. Popper selbst (Logik der Forschung, Wien 1935) nennt den Glauben an die Kausalität eine „metaphysische Substanzialisierung eines wohlbegründeten methodologischen Gesetzes".

[111] Decline and Fall of the Roman Empire, a. a. O., Kap. LXIV.

[112] W. Churchill, The World Crisis: The Aftermath, London 1929, S. 386; dt. Ausgabe: Zürich 1946.
[113] L. Trotzki, Mein Leben, Frankfurt 1961, S. 457.
[114] Über Burys Einstellung zu diesem Punkt vergl. „The Idea of Progress, London (Macmillan) 1920, S. 303/304.
[115] Decline and Fall of the Roman Empire, a. a. O., Kap. 38. Es ist amüsant, daß die Griechen nach ihrer Eroberung durch die Römer ebenfalls dem Spiel des historischen „Es-hätte-sein-können" frönten — dem Lieblingstrost der Unterlegenen: wenn Alexander der Große nicht jung gestorben wäre, sagten sie sich, „würde er den Westen erobert haben und Rom wäre den griechischen Königen untertan gewesen" (K. von Fritz, The Theory of the Mixed Constitution in Antiquity, a. a. O., S. 395).
[116] Beide Artikel wurden auch in J. B. Bury, Selected Essays, a. a. O., aufgenommen; Collingwoods Kommentare zu Burys Auffassung finden sich in „The Idea of History", S. 148—150.
[117] Siehe S. 43 oben. Toynbee hat Fishers Ausspruch, den er in „Der Gang der Weltgeschichte" (Stuttgart, 3. Aufl. 1952) zitiert, total mißverstanden: er hält ihn für ein Produkt des „modernen westlichen Glaubens an die Allmacht des Zufalls, der das laissez-faire gebar". Die Theoretiker des laissez-faire glaubten jedoch nicht an den Zufall, sondern an die unsichtbare Hand, die die verschiedenen Arten menschlichen Verhaltens wohltätig regulierte; Fishers Bemerkung war nicht das Produkt des laissez-faire Liberalismus, sondern seines Zusammenbruchs in den Zwanziger und Dreißiger Jahren des 20. Jahrhunderts.
[118] Die diesbezüglichen Stellen finden sich bei W. Stark in seiner Einführung zu F. Meinecke, Machiavellism, S. XXXV—XXXVI.
[119] Marx und Engels, Werke (russ. Ausg.), Moskau, XXVI, S. 108.
[120] In „Krieg und Frieden", Epilog I, setzte Tolstoj „Zufall" und „Genius" als Termini für die menschliche Unfähigkeit, die letzten Ursachen zu verstehen, einander gleich.
[121] L. Trotzki, Mein Leben, Frankfurt/M., S. 454.
[122] Tolstoj vertrat diese Ansicht: „Wir sind gezwungen, auf den Fatalismus als eine Erklärung für irrationale Ereignisse, d. h. Ereignisse, deren Rationalität wir nicht verstehen, zurückzugreifen" (Krieg und Frieden, IX, Kap. 1); vgl. auch die in Anm. 54 zitierte Stelle.
[123] L. Paul, The Annihilation of Man, London (Faber) 1944, S. 147.
[124] Prof. Popper stolpert einmal über diesen Punkt, ohne ihn wirklich zu sehen. Nachdem er „eine Vielzahl von Interpretationen, die sich im Grunde auf derselben Ebene von Anregungen und Willkür bewegen" (was immer auch diese beiden Worte genau implizieren mögen) angenommen hat, fügt er in einer Parenthese an, daß „sich einige unter ihnen durch ihre Fruchtbarkeit hervortun — ein Punkt von einiger Wichtigkeit" (The Poverty of Historicism, S. 151). Das ist nicht ein Punkt von einiger Wichtigkeit, das ist der Punkt, der beweist, daß „historicism" (in einigen Bedeutungen des Wortes) so arm nun auch wieder nicht ist.

[125] Kausalitäten und Werte in der Geschichte, Histor. Zeitschr. München 1928, (übers. in F. Stern, Varieties of History, London 1957, S. 268, 273).
[126] J. Huizinga, übers. in „Varieties of History", herausg. v. F. Stern, a.a.O., S. 293.
[127] The Baldwin Age, herausg. v. John Raymond, London 1960, S. 246.
[128] F. Powicke, Modern Historians and the Study of History, London, repr. 1956, S. 177.
[129] „So geht Geschichte in Theologie über", wie Toynbee triumphierend behauptet (Kultur am Scheidewege, 1958, Vorwort).
[130] T. Lucretius Carus: Von der Natur der Dinge, Leipzig 1901, S. 167/168, V. 977—980.
[131] Gibbon, The Decline and Fall of the Roman Empire, a.a.O., Kap. XXXVIII; den Anstoß zu dieser Digression gab der Untergang des westlichen Imperiums. Ein Kritiker, der diese Stelle in „The Times Literary Supplement" vom 18. Nov. 1960 zitiert, fragt sich, ob Gibbon das wirklich so meinte. Natürlich meinte er es so; der Standpunkt eines Autors spiegelt eher die Zeit, in der er lebt, als das, worüber er schreibt — eine Wahrheit, die dieser Kritiker, der versucht, seinen der Mitte des 20. Jahrhunderts zugehörenden Skeptizismus auf einen Schriftsteller des späten 18. Jahrhunderts zu übertragen, gut illustriert.
[132] Cambridge Modern History: Its Origin, Authorship and Production 1907, S. 13; Cambridge Modern History, I, 1902, 4; XII, 1910, 791.
[133] B. Russell, Portraits from Memory, a.a.O., S. 17.
[134] J. B. Bury, The Idea of Progress, a.a.O., S. VII—VIII.
[135] Russell, Portraits from Memory, a.a.O., S. 124.
[136] The Observer, 21. Juni 1959.
[137] T. Arnold, An Inaugural Lecture an the Study of Modern History, New York 1841, S. 38.
[138] Acton, Lectures on Modern History, a.a.O., S. 51.
[139] K. Mannheim, Ideologie und Utopie, a.a.O., S. 248, bringt auch das „Wollen" des Menschen zur Geschichte mit seiner „Fähigkeit, sie zu begreifen" in Verbindung.
[140] F. H. Bradley, Ethical Studies, London (H. S. Kingsley) 1876, S. 293.
[141] R. S. Lynd diagnostiziert eine solche Situation (Knowledge for What? N. Y. 1939, S. 88): „in unserer Kultur wenden sich die älteren Leute gerne der Vergangenheit zu, der Zeit ihrer Stärke und Kraft, und sehen der Zukunft als einer Drohung entgegen. Es ist wahrscheinlich, daß sich so eine ganze Kultur in einem fortgeschrittenen Stadium von Desintegration und relativer Machteinbuße vorwiegend einem verlorenen goldenen Zeitalter zuwenden kann, während das Leben träge in der Gegenwart dahingelebt wird."
[142] Foreign Affairs, XXVIII, Nr. 3, Juni 1950, S. 382.
[143] B. Bury, The Idea of Progress, 1920, S. IX.
[144] H. Butterfield, The Whig Interpretation of History, a.a.O., S. 58;

man vergl. damit die ausgearbeitetere Darlegung von A. von Martin, Die Soziologie der Renaissance, Frankfurt 1949, S. 20: „Ruhe und Unruhe, Statik und Dynamik ... sind Grundkategorien, von denen soziologische Geschichtsbetrachtung ausgehen darf. Daß ein geschichtliches Beharren immer nur im relativen Sinne denkbar ist, versteht sich; worauf es ankommt ist, ob das Beharrende oder das sich Wandelnde überwiegt." Der Wandel ist das positive und absolute, die Ruhe das subjektive und relative Element in der Geschichte.

[145] Dt. Ausgabe: De Tocqueville, Vorwort zu „Demokratie in Amerika", Stuttgart 1959.
[146] J. B. Bury, The Idea of Progress, a. a. O., S. 5.
[147] L. B. Namier, Conflicts, London (Macmillan) 1942, S. 70.
[148] Zit. in: J. Huizinga, Men and Ideas, (Auszüge aus Huizingas Gesammelten Werken), N. Y. 1959, S. 50.
[149] Gibbon, The Decline and Fall of the Roman Empire, a. a. O., Kap. LV.
[150] R. H. Tawney, The Agrarian Problem in the XVIth Century, London, New York (Longmanns Green a. Co.) 1912, S. 177.
[151] Dt. Ausgabe: Jubiläumsausgabe, darin Bd. XI „Vorlesungen über die Philosophie der Geschichte", 3. Aufl. Stuttgart 1949, Einleitung.
[152] T. Carlyle, Die Französische Revolution, Leipzig 1922, S. 23, S. 100.
[153] Rundfunksendung über „Political Judgement" im 3. Programm des BBC, 19. Juni 1957.
[154] Der Fall von pravda ist besonders interessant, da es noch ein anderes altes russisches Wort für Wahrheit gibt, istina. Aber der Unterschied liegt nicht zwischen den Bedeutungen: Wahrheit als Faktum und Wahrheit als Wert; pravda ist die menschliche Wahrheit unter beiden Aspekten, istina ist die göttliche Wahrheit unter beiden Aspekten — Wahrheit über Gott und Wahrheit als etwas von Gott Geoffenbartes.
[155] J. Burckhardt, Weltgeschichtliche Betrachtungen, Leipzig 1933, S. 29.
[156] A. de Tocqueville, Der alte Staat und die Revolution, Bremen 1959. Bd. III, Kap. I
[157] Cambridge Univers. Bibliothek: Add. Mokv. 4870.
[158] Die Zitate stammen aus Hegels „Vorlesungen über die Philosophie der Geschichte", a. a. O.
[159] Karl Marx, Das Kapital, III, 7. Aufl. Berlin 1959, S. 344.
[160] Karl Marx, Die Frühschriften, Stuttgart 1953; Deutsche Ideologie, A. Thesen über Feuerbach, S. 341.
[161] Karl Marx, Die Frühschriften, Stuttgart 1953, Manifest der Kommunistischen Partei, S. 547.
[162] Cambridge Modern History, XII, 1910, S. 15; der Autor des Kapitels, Leathes, war einer der Herausgeber der „History" und Ausschußmitglied der Zivilverwaltung.
[163] Vierteljahreshefte für Zeitgeschichte, München, I, 1953, S. 38.

[164] Weitere Ausführungen des Verfassers finden sich in „The New Society", London (Macmillan) 1951, Kap. IV passim.
[165] A. von Martin, Soziologie der Renaissance, a.a.O., S. 43.
[166] Cambridge Modern History: Its Origin, Authorship and Production, 1907, S. 14.
[167] E. G. Pulleyblank, Chinese History and World History, London 1955, S. 36.
[168] Diese Stellen finden sich in Acton, Selections from Correspondence, 1917, S. 278; Lectures on Modern History, a.a.O., S. 4, 32; Add. 4949 (in der Universitätsbibliothek Cambridge). In dem oben zitierten Brief von 1887 hebt Acton die Wandlung von den „alten" zu den „neuen" Whigs (d. h. den Liberalen) als „die Entdeckung des Gewissens" hervor: „Gewissen" wird hier offensichtlich mit der Entwicklung des „Bewußtseins" (Siehe S. 133 oben) assoziiert und entspricht der „Herrschaft der Ideen". Auch Stubbs teilte die moderne Geschichte in zwei Perioden, die durch die französische Revolution voneinander getrennt werden: „Die erste, eine Geschichte der Mächte, Kräfte und Dynastien; die zweite, eine Geschichte, in der die Ideen die Stelle von Rechten und Formen einnehmen" (W. Stubbs, Seventeen Lectures on the Study of Mediaeval and Modern History, 3. Aufl., Oxford 1900, S. 239).
[169] Siehe S. 39 oben.
[170] Encounter, VII, Nr. 6, Juni 1957, S. 17.
[171] M. Oakeshott, Political Education, Cambridge 1951, S. 22.
[172] American Historical Review, LVI, 1951, S. 272/73.
[173] K. Popper, The Poverty of Historicism, a.a.O., S. 67, 74.
[174] Ebd., S. 64, 68.

REGISTER

Acton, Sir John 7—10, 15, 38, 41, 43, 47, 60, 75, 109, 112 f., 121, 130, 133, 148, 150 f., 153
Adams, Henry 90
Alexander von Griechenland 97, 101, 103
Anna, Königin von England 23, 37
Antonius, Marcus 96 f., 105
Arcy, M. de 73
Aristoteles 61
Augustinus, Aurelius 26

Bacon, Francis 78, 107
Bajazet, türkischer Sultan 96 f., 101, 103
Barraclough, G. 14, 60
Barth, Karl 73
Becker, Carl 21
Belloc, Hillaire 78
Bentham, Jeremy 36
Berdjajew, Nikolai A. 73, 107
Berenson, Bernard 97
Berlin, Sir Isaiah 44, 46, 75, 90 f., 93, 97, 101, 124, 127
Bernhard, H. 16—18
Bismarck, Otto von 40, 52 f., 125, 127
Boyle, Robert 56
Bradley, F. H. 113
Buckle, Henry Thomas 57
Burckhardt, Jacob 19, 24, 33, 54, 63, 132
Burke, Edmund 57
Bury, J. B. 13, 37, 56, 97 f., 109, 117, 120
Butterfield, Herbert 19, 41 f., 50, 73, 119

Caesar, Julius 10—12, 36
Carlyle, Thomas 49, 62, 124
Chamberlain, Neville 77
Chesterton, Gilbert Keith 78

Churchill, Sir Winston 20, 97
Cicero, Marcus Tullius 37
Clarendon, Lord Edward Hyde 49
Clark, Sir George 7 f., 10, 23, 26
Clark, Kitson 12 f.
Collingwood, R. 21—23, 26 f., 51, 56, 61
Creighton, Mandell 75
Croce, Benedetto 21, 75
Cromwell, Oliver 25, 53

Dampier, William 109
Dante, Alighieri 36
Darwin, Charles Robert 55 f., 111
Descartes, René 132
Deutscher, Isaac 47
Dicey 87
Dilthey, Wilhelm 20
Döllinger, Ignaz von 15
Dodgson 103
Donne, John 31
Dostojewski, Fedor Michailowitsch 32
Dschingis Khan 46, 75

Einstein, Albert 74
Eliot, T. S. 44, 48
Elton, G. 63
Elisabeth I., Königin von England 46
Engels, Friedrich 79

Fairbairn, Sir William 9
Feuerbach, Ludwig 135
Fisher, H. A. L. 38, 43, 98
Fox, Charles James 41
Freud, Sigmund 136 f.
Friedrich d. Gr. 25
Froude, James Anthony 26
Galilei, Galileo 57
Gasquet, Francis Aidan 9

Georg III., König von England 38, 151
Geyl, P. 43
Gibbon, Edward 26, 62, 89, 96, 98, 109, 123
Goethe, Johann Wolfgang v. 122
Green, John Richard 148
Gresham 57
Grote, George 36 f., 40, 66

Harrison 9
Hegel, Georg Wilhelm Friedrich 50, 53, 74, 90 f., 93, 104, 111—113, 119 f., 124, 133 f.
Heinrich II., König von England 74
Heinrich VIII., König von England 74
Herodot 86, 107
Herzen, Alexander 134
Hindenburg, Paul von 98
Hitler, Adolf 46, 53, 75 f., 86, 99, 125
Hobbes, Thomas 61
Homer 45
Horaz 108
Housman, A. E. 11
Huizinga, Johan 106

Jackson, Andrew 152
Jakob I., König von England 46
Jefferson, Thomas 152
Johnson, S. 78
Josef II., röm.-dt. Kaiser 125

Kafka, Franz 92
Kamenjew, Leo 97
Karl der Große 75 f., 91
Katharina d. Gr. 51
Kerenski, Alexander 95
Kingsley, Charles 91
Kleopatra 90, 96—99, 101, 103, 105
Knowles, D. 75
Konstantin, römischer Kaiser 62
Lassalle, Ferdinand 57
Leavis, F. R. 53
Lefèbvre, Georges 76

Lenin, Wladimir Iljitsch 49, 52 f., 88, 100 f., 103 f., 118, 125, 135 f., 139
Liebermann 9
Lincoln, Abraham 133
Locke, John 9, 144
Lodge, H. C. 51
Loyola, Ignatius von 25
Ludwig XV., König von Frankreich 124
Lukrez, Titus Lukretius Carus 107
Luther, Martin 25
Lykurg 45
Lyell, Sir Charles 56

Macaulay, Thomas Babington 22
Macmillan, Harold 110
Maltus, Thomas Robert 57, 140
Mandeville, Bernard de 50
Mannheim, Karl 64, 69
Maritain, Jaques 73
Marshall, Alfred 88
Marx, Karl 40, 46, 48, 50, 53, 57, 59, 63, 90, 91, 93, 99, 112 f., 115, 120, 126 f., 133—135, 137
Mazzini, Giuseppe 40
McCarthy, Joseph 76 f.
Meinecke, Friedrich 40 f., 98, 105
Mill, John Stuart 31
Mommsen, Theodor 26, 36 f., 40
Montesquieu 86, 99
Moore, George 61
Morison, Samuel 152, 154
Morley, John 33
Motley, John Lothrop 75
Mussolini, Benito 75

Namier, Lewis 38—40, 120, 151 f., 154
Napoleon 43, 52 f., 69, 75 f., 91
Napoleon III. 126
Neale, Sir James 46
Needham, J. 149
Newton, Sir Isaac 55—57
Niebuhr, Reinhold 73, 107
Nietzsche, Friedrich 27, 52 f.

Nikolaus I., Zar 110
Nikolaus II., Zar 46, 118

Oakeshott, M. 22, 152, 154

Parsons, Talcott 103
Pasteur, Louis 74
Perikles 36, 77
Philipp II., König von Spanien 75
Pirandello, Luigi 11
Plato 90
Plutarch 45
Poincaré, Henri 57, 89
Polybius 98
Popper, Karl 90—92, 101, 152 bis 154
Powicke, F. 107
Proudhon, Pierre Josef 126 f.
Pugatschew, Jemeljan Iwanowitsch 52

Ranke, Leopold von 8, 19, 43, 98
Retz, Gilles de Laval 53
Richard II., König von England 51
Richard III., König von England 62
Robespierre, Maximilien 125
Roosevelt, Franklin D. 152
Rosebery, Archibald Philipp 75
Rousseau, Jean Jacques 132
Rowse, A. L. 19, 46
Rugby, Arnold von 112
Rusell, Bertrand 9, 55, 89, 109 f.
Rutherford, Sir Ernest 58, 106

Sartre, Jean Paul 98
Scott, C. P. 10 f.
Sinowjew, Grigorij 97
Smith, Adam 50, 57, 133 f., 140
Snow, Sir Charles 84, 106
Solon 45

Sombart, Werner 59
Sorel, George 60
Spencer, Herbert 55
Stalin, Joseph 47, 69, 74—77, 91, 97
Stolypin, Peter 95
Strachey, Lytton 14, 47
Stresemann, Gustav 16—19
Stubbs, W. 75
Sutton, E. 18 f.

Tacitus, Cornelius 98
Tawney, R. 123
Taylor, A. J. P. 52, 110
Thukydides 86, 107
Tillamont 26
Tocqueville, Alexis Clérel de 120, 132
Tolstoi, Leo 50, 53
Toynbee, Arnold 38, 43, 75, 107, 113
Trevelyan, Georg Otto 22 f., 37, 40
Trevor-Roper, H. 25, 47, 151, 154
Trotzki, Leo 20, 47, 69, 97, 99
Tschitscherin, Georgij Wassiljewitsch 18 f.

Vergil 108
Voltaire 19, 87

Weber, Max 58, 77
Webster, Sir Charles 65
Wedgwood, C. V. 45 f., 48
Wilde, Oscar 143
Wilhelm II. 46
Wilhelm der Eroberer 95
Wilhelm III., Prinz von Oranien 23
Wilson, Woodrow 51

Young, G. M. 47